이 책은
독자의 공감을 더욱 끌어내고
작가의 감성과 글맛을 살리기위해
내용에 따라 문체가 바뀝니다.

'한글 맞춤법'에 맞지 않는 일부 표현은
그대로 사용하였습니다.

끝까지 가면
그게 성공이야

강 사 라

펴내며

 늘 무언가를 읽었다. 그리고 늘 무언가를 썼다. 누가 시키지 않아도, 누구에게 보이려 하지 않아도 그 일들을 아주 오랫동안 스스로 해왔다.

 왜 그랬을까. 내 안에 무엇을 꺼내고 싶었던 걸까. 어쩌면 평범한 내 삶이 너무 안쓰러워, 한 번쯤은 '성공'이라는 걸 해보고 싶었던 건지도 모른다. 수없이 쏟아지는 책들 속에서 나는 기어이 '성공한 자'들의 이야기를 찾아냈다. 그리고 반복되는 패턴 속에서, 결국 내 삶을 지탱해 준 단 하나의 중심을 발견했다.

 끝까지 하면, 그게 성공이라는 것. 그 신념 하나로 크고 작은 목표를 세우고, 이루며 1년을 보내고, 3년을 지나, 어느덧 5년이 흘렀다. 성공한 것도 있었고, 실패한 것도 있었다. 하지만 가장 견디기 힘들었던 건, 간절히 바라던 목표를 이룬 바로 그 순간, 예고 없이 밀려온 허탈감이었다. 절대 이룰 수 없을 거라 믿었던 것일수록, 이루고 난 뒤의 무너짐은 더 깊었다.

 '뭐야, 이것도 별거 아니잖아….' 그제야 알게 됐다. 나는 타인이 정해준 기준을 쫓았고, 결과만 바라보며 달려왔지만, 진짜로 원한 건 '의미'였다. 나는 결과에 집착하는 사람이 아니라, 의미를 찾는 사람이었다. 결과를 이루는 순간보다, 그 과정 하나 하나에 머무르고 싶었던 사람.

이제는 안다. 끝까지 간다는 건 단순히 포기하지 않는 게 아니라, 과정을 사랑하는 사람이 된다는 것. 결국 나는 그렇게, 진짜 나다운 사람이 되어가고 있다. 그래서 오늘도, 다시 쓸 수 있고, 다시 시작할 수 있다.

끝까지 가면, 그게 성공이니까.

끝까지 가면 그게 성공이야

1판 1쇄 2025년 11월 03일

ISBN 979-11-992718-1-4
지은이 : 강사라
펴낸곳 : 진리북스
저작권자 ⓒ 강사라, 2025

출판등록 : 제 2025-000015호
전자우편 : tkfk153@naver.com
인스타그램 아이디 : @sarahill_mindset

잘못 만들어진 책은 구입하신 곳에서 교환해 드립니다.
본 책은 저작자의 지적 재산으로서 무단 전재와 복제를 금합니다.

끝까지 가면
그게 성공이야

1장. 나 너, 인생에게 묻는다.

01. 출발점	14	
02. 너나없이 고달픈 시간	17	
03. 나에 관한 질문들	20	
04. 내일은 나를 만날 수 있길	25	
05. 좋아하는 것에 대한 환상	27	
06. 딱 그만큼의 우물	31	
07. 투명 베일을 벗겨내는 일	33	
08. 불편한 현실	37	
09. 물음으로 채워지는 시간	39	
10. 인생살이	41	
11. 내 안에 답이 있다	44	
12. 쉼표와 느낌표	49	
13. 깨어나라 말해준 스승들	50	
14. 편집	53	
15. 감정 근육	56	
16. 통찰	59	
17. 표정	60	
18. 변명	62	
19. 한 방	64	
20. 세 번째 단계	67	
21. 철학에 관하여	69	
22. 거짓말	71	
23. 텅 빈 속	73	
24. 존재 의미	75	

2장. 우리, 마음을 위로하고 싶다.

01. 쉴 새 없이 일렁인다면	80
02. 새롭게 변화하고 싶다면	83
03. 왜 나만 이란 생각이 든다면	85
04. 제대로 한번 살아보고 싶다면	87
05. 걱정에 시달린다면	92
06. 아주 불편한 관계라면	95
07. 잠시 길을 잃었다면	98
08. 노력했지만 잘 안된다면	100
09. 위로 받고 싶지 않다면	103
10. 후회가 쌓인다면	107
11. 열심히 할수록 공허해진다면	110
12. 지치고 불안하다면	112
13. 시절 인연이라면	114
14. 이제 그만두고 싶다면	117
15. 어두운 터널을 통과하고 있다면	120
16. 방법을 몰라 어려워하고 있다면	122
17. 누군가 당신에게 행복하냐고 묻는다면	126
18. 이유없이 깊은 슬픔이 찾아온다면	128
19. 갑자기 사는 것이 억울해진다면	130
20. 정작 내 자신은 돌보지 않았다면	133
21. 행복한 지 너무 오래됐다 여겨진다면	136
22. 이제 정말 내게 쉼이 필요하다면	138
23. 사는 것이 점점 재미 없어진다면	140

3장. 그래서, 힘겨움에 무너지지 않으려면

01. 무너지는 때	146
02. 좋은 물 좋은 결	150
03. 감정 확인	152
04. 마음의 주인	154
05. 고요와 평안	156
06. 단순해진다는 것	158
07. 하는 이유 하지 않는 이유	162
08. 인생 레슨	164
09. 우물 안에서 퍼내기	166
10. 부지런한 글방	168
11. 우아한 처세	172
12. 사랑한다는 것	175
13. 초연하게 걷는 길	178
14. 꼴값	180
15. 생각하기 나름	182
16. 일련의 패턴	184
17. 그냥 그러려니	186
18. 인간관계 기록	188
19. 잠깐의 여유	190
20. 자의 반 타의 반	192
21. 오롯이	194
22. 세상 대면	196
23. 일상 잡담	198

Chapter One

나 너, 인생에게 묻는다

01. 출발점

> 이 또한 출발점임과 동시에 초행길이다.
> 이전의 꿈, 인생과 다른 새로운 여정을 출발하기로
> 결단한다. 나는 어떻게 살고 싶은지에 대해.

언제 시작하였는지도 모르겠는 출발점.

그 지점에 홀로 서는 느낌이랄까요. 매일 맞닥뜨리는 지점인데 딱 그 자리에서 반복되는 고민을 저는 매번 합니다. 출발할 것인지 아닌지. 제가 스스로 결정하지 않아도 이미 시작되는 출발인데 저는 혼자서 매번 어떤 결정을 할지 생각합니다. 여행의 묘미를 진즉 알았던 건 아니지만 뜬금없이 가방을 둘러매고 제주 푸르른 바다가 가장 잘 보이는 벼랑 언덕 위에 걸터앉을 때가 있었습니다.

황금빛이 출렁이는 수평선 너머를 바라보며 지나온 시간

을 상상해 보곤 했었죠. 어쩌면 그때부터 하나하나의 출발점들을 되짚어가며 또 다른 출발점에서 무언가를 결정하기 위해 마음의 준비를 하고 있었던 게 아닐까 싶습니다. 이전 인생과 전혀 다른 방향으로 걸어보기로 굳게 다짐했을 때가 당신에게도 혹시 있을지 모르겠습니다.

'나는 어떻게 살고 싶은지'에 대해 고단한 고민이었습니다. 남편은 개척교회 목사였고 아이들은 올망졸망 넷이었는데 어디서 그런 용기가 생겼는지 모를 일입니다. 막둥이 분유와 기저귓값이 이제 그만이어도 됐을 때 그때 저는 다니던 직장을 그만두었습니다. 그때가 저 자신을 위한 일과 성공을 꿈꾸기 위한 일을 시작한 첫 출발점이었습니다.

오늘의

또 다른 출발점에서 ....

내일의

또 다른 출발점을 기대한다.

02. 너나없이 고달픈 시간

> 너도 나도 참 고달팠겠다.

넉넉지 않은 부모 밑에서 나고 자랐습니다. 독립된 또 하나의 가정을 이뤘고, 자녀들을 키우며 그들과 함께 나이 들어가는 것이 인생이라 생각했지요. 여태껏 그렇게 살아왔습니다. 적어도 나와 비슷한 세상에 살고 있던 이들은 별반 다르게 없지 않을까요?

이제서야 말이지만 그동안 알지 못했던 세상들에 대한 의문을 가지게 된 것은 행운이기도 다행이기도 합니다. '내가 살고 있고 내가 알고 있는 세상이 전부인 것일까?' 이런 의문조차도 가질 수 있다는 걸 이제라도 알았으니 말입니다.

산언덕에 올라서면 삼면으로 바다가 내려다 보이는 전라

남도 완도군 보길도 정자리라는 곳이 있습니다. 어릴 적 그 작은 섬에서 제주로 첫 이사를 했을 때 '와, 이처럼 넓은 세상이 있구나.' 제주가 세상의 전부일 것이라 생각했습니다. 제가 살던 세상 또한 지독히 가난했음에도 지극히 평범한 것이라 여겼습니다.

살다 보니 제가 사는 세상이 전부랄 것도 없고 제가 겪는 고통이 가장 깊은 상처라고 말할 것도 없습니다. 행복하기만 해 보이는 그들도 남들에게 보이지 않는 힘겨움을 붙들고 살아간다는 것을 새삼 알게 됐으니까요. 어쩌면 행복하고 싶은 간절함이 너무 커서 그들의 행복한 모습만 제 눈에 들어왔던 것도 같습니다.

결혼 하고 아이들을 낳고 나름 행복하게 살고 있다고 믿었는데 어느 날 먹고사는 문제 속에 저 자신은 사라지고 없다는 것을 깨달았습니다. 너무 당황스럽고 어찌할 줄을 몰라 멍하니 거실에 한참을 서 있었습니다. '나라는 사람의 특유한 모습과 색이 있을텐데... 나만이 잘할 수 있는 것이 있을 텐데... 내가 좋아하는 것이 있을텐데...'

자신을 찾아가는 과정은 또 다른 어려운 시간을 직면해 낼 용기와 생각의 담금질을 충분히 할 인내가 필요한 일입니다. '나다운 삶이란 무엇일까?'에 대한 치열한 고민을 수십번 해야하지요. 당장 눈에 보이는 현실과 결과를 얻기 위해 가장 멀리 자신을 이끌어줄 이 고달픈 시간을 소홀히 할 수는 없습니다.

이젠 늦었다고 생각되던 순간에 여태껏 익숙치 않은 '나다움'을 찾아 나선다고 서투른 걸음 하느라 고단했습니다. 이곳에 오신 당신도 '자신'을 찾느라 참으로 고달팠겠습니다. 잠시 고달팠던 걸음 쉬었다 가세요.

03. 나에 관한 질문들

> 스스로에게 던지고
> 고민해야 할 질문들

'나는 누구일까?'

어느 날 문득, 그런 생각이 들었습니다. 뜬금없이 던져진 낯설고도 고전적인 이 질문이 어쩌면 너무 나를 닮아 있더라구요. 나이 사십이 되는 동안 나에 대해 안다고 생각하고 있었는데, 사실은 너무 모른 채 아니, 무심하게 살아왔던 거예요.

'이게 나야.'라고 말할 수 있는 자신감도, 단단한 기준도 없이 누구의 딸, 누구의 엄마, 누구의 아내로서만 살아온 시간이었습니다. 가끔은 이런 질문들 앞에서 한참을 망설이기도 했어요. 사는 게 복잡해서 머리까지 많은 생각을 하고 싶지 않았어요. 때로는 오글거려 피하기도 했죠. 하지만 삶이 더 고단해질수록, 결국 다시 이 질문들로 돌아오게 되는 나 자신을 발견했어요.

- 내가 정말 원하는 삶은 뭘까?
- 내가 사랑하는 것은 무엇이지?
- 나는 지금 어디쯤 와 있는 걸까?
- 나는 내 삶의 주인이 맞아?
- 내가 지금 하는 일은 나를 어떻게 설명할 수 있을까?
- 나를 나답게 만드는 것은 무엇인지?
- 내가 가장 자주 꺼내 드는 감정은 무엇인가?
- 무엇이 나를 지치게 만들어?
- 무엇이 나를 오늘도 일어나게 만들지?
- 나는 지금 기꺼이 나 자신으로 살아가고 있는가?

어때요? 질문은 간단해 보이고 익숙해 보이지만 정작 대답을 하려고 보면 차마 입이 떨어지지도 않을뿐더러 그냥 모른 척 지나치고 싶지요? 이 질문들이 답을 구하는 질문은 아닐지 몰라요. 하지만 스스로에게 던져본 적 있다는 사실만으로도 삶의 방향은 조금씩 달라질 수 있더라고요. 누군가는 자신에게 묻지 않았을 테고, 누군가는 물었지만 외면했을지 몰라요. 하지만 또 누군가는 묻고 답하며 삶을 바꾸어냈습니다.

여러분은 어떠신가요? 어떤 사람인가요?

여전히 혼란스럽지만, 이제는 피하지 않기로 했습니다. 내가 던진 질문이 언젠가 나를 더 나답게 만들어줄 거라 믿으니까요. 질문이 깊어질수록, 삶의 결도 더 단단해진다는 걸 이젠 알아버리고 말았어요.

'나는 누구일까?

라는 질문은

내 안에서 오래 묵은

목소리를 꺼내는 일이다.

04. 내일은 나를 만날 수 있길

> 반복되는 연속되는 고뇌,
> 포기하지 말아야 영광을 얻는다.

여러분도 그런 날 있나요?

너무 똑같은 하루가 반복되는 것 같아 그저 숨 쉬는 것만으로도 지치는 기분이 드는 날 말예요. 아침에 무거운 몸을 추스르고 일어나 넷 아이들을 모두 챙겨 학교와 유치원에 보내요. 그러고 나서 시원한 물 한 잔을 들이키고 집안 청소를 시작하죠. 그 짧은 시간이 왜 그리 지루하고 무거운지 몰라요.

하루를 시작하고, 버티고, 다시 잠드는 일이 이토록 벅찰 수 있다는 걸, 어른이 되고서야 알게 됐습니다. 별일 없는 하루인데 속사정은 마음이 무거운 것이겠지요? 그러나 저는 어제도 멈추지 않았고, 오늘도 멈추지 않습니다. 내일도 멈출 생각이 추호도 없어요. 그러니 오늘도 이렇게 살아 있는 거겠습니다.

내가 정말 원하는 삶은 뭘까?

오늘을 지나면, 내일은 조금 더 나다운 나를 만날 수 있을지도 모릅니다. 포기하고 싶었던 날들 위에도 조금씩 쌓여가는 시간이 있더라고요. 눈에 보이지 않아도, 그 고요한 싸움들이 나를 단단하게 만들고 있어요. 그러고 보니 저는 '눈에 보이지 않아도...' 이 말을 참 좋아하는 것 같습니다. 눈에 보이지 않아도 실재하는 것들이 분명 있다는 것을 믿으니까요.

세상이 말하는 '영광'이 아니어도 괜찮아요. 내가 나를 미워하지 않고 내일의 나를 조금은 더 사랑할 수 있지요? 그렇다고 큰 소리로 대답해 주세요. 그것만으로 충분합니다. 혹시 오늘도 너무 힘들었나요? 이렇게 말해보세요.

"넌 참 잘하고 있어."

어느 누가 알아주지 않았다 해도 내가 나를 인정하고 격려해 줄 수 있다면 그것으로 충분합니다. 자신에 대한 믿음이 고이 쌓여 내일의 나를 더욱 단단하게 만들 테니까요. 그것으로 되었어요.

05. 좋아하는 것에 대한 환상

> 좋아하는 것을 하면 두렵지 않을 거라는 환상.
> 두렵고 외롭고 힘들지만 좋아하기 때문에 하는 것이다.

"당신의 세계 크기만큼만 힘들 것이며,

당신의 세계 크기만큼만

아프고 고단할 겁니다."

<결국 해내면 그만이다> 저자 정영욱

넷째 아이가 이제 겨우 6개월쯤 되었을 때, 저는 크나큰 결심을 했습니다. 답답한 회사 생활을 그만두고 이제는 능력만큼 인정받고 돈도 벌 수 있으며 내가 가진 꿈을 위해 살아보자_라는 각오 말입니다. 그러고 보니 이전에는 나의 세계가 없었던

듯합니다. 사회와 타인이 정해놓은 틀에 맞춰 군말 없이 따라 살았으니, 나의 세계가 아닌 그들의 세계를 살고 있었던 겁니다.

그런데 이제 나만의 세계가 생겼습니다. 작은 세계였다 해도 절대 쉽지 않았습니다. 내게 없던 세계가 눈곱만큼이라도 생겼으니, 그만큼은 감당해야 했으니 말예요. 1년이 지나고 2년이 지나, 지금은 그렇게 지나온 지 5년이 되었습니다. 분명 다른 이의 세계를 살 때는 햇수가 더해질수록 일은 편해지고 간단해졌는데 어떻게 된 것인지 나의 세계는 그 반대입니다.

여러분들은 알고 있었나요? 진즉 알고 있었다면 말 좀 해주지 그러셨어요. 어찌 됐든 그렇습니다. 나의 세계 크기만큼 아프고 고단한 중에 있습니다. 점점 내 세계가 커질수록 더 깊고 진하게 그리 아프고 고통스럽습니다. 그런데 참 재미가 나는 일입니다. 갈수록 더욱 힘들고, 아프고 고단한데 웃음이 자꾸 납니다. 왜 그러는지 여러분은 아실까요?

가까이 다가갈 수록

흩어지고, 사라진다....

그래서 나는

매일의 선택과 그 선택으로

쌓인 나의 하루 속에서

정답을 찾는다.

06. 딱 그만큼의 우물

> 자신이 살아온 인생이
> 딱 현재 그만큼의 우물이다.

　만나는 사람, 주변의 이웃. 자신이 머물러 있는 자리를 보라. 더 큰 우물로 가기 위한 낯선 우물 경험이 당신의 일상에 얼마나 새롭게 일어나고 있을까? 흔들리는 나를 꽉 잡아줄 우물, 어느 방향으로 흘러가야 하나 헤매고 있을 때 어깨를 툭 치며 따라오라고 인도해 줄 우물, 때로는 지쳐서 분명 평상시보다 힘을 덜 내고 있음에도 얼떨결에 함께 걷고 뛰게 되는 우물.

　왜 삶이 항상 같은지 되묻고 있다면 같은 자리에서 오늘도 변함없이 서 있는 자기 모습을 되돌아보자. 내게 첫 번째 낯선 우물은 '작가'들이 모여있는 곳이었다. 상상만 해도 가슴이 두근

거리고 나도 모르게 입이 헤에 벌어지는 세계였지. 한없이 멀어 보이기도, 아직은 함께 섞이기가 서먹한 자리였기도 했을테다. 그들이 처음으로 내게 '작가'라는 이름을 주었을 때, 온몸이 쪼그라드는 기분이었으니까. 그러나 지금은 다른 이들이 나를 그렇게 높고 낯선 눈으로 탐색하곤 한다.

　　두 번째 생소한 우물은 '사업가'들이 모인 곳이었다. 처음엔 그 단어만으로 엄두도 나지 않았다. 뚫어야 할 벽이 높고 두꺼워 장비도 없이 무모하게 땅속을 파고 또 파고 있는 것만 같은. 나는 의외로 감성적이고 말랑한 구석이 있어 오래 버틸 수 있을까 싶었다. 하지만 난 이상하고 끈질기게도 그 우물가에서 절대 뒷걸음치지 않았다.

　　무언가를 진심으로 만들어가는 열정과 자신의 이름을 걸고 책임지는 사람들 사이에서 나도 충분히 해낼 수 있을 거라는 확신을 스스로 붙잡았으니까. 이제 나는 크고 작은 여러 우물을 지나쳐 또 다른 우물에 머물러 있다. 책을 손수 기획하고 제작해 유통하는 '출판인'들이 모인 곳이다. 이 우물이야말로 내가 발견하고 잠시라도 머물 곳이라는 상상을 해본 적이 없다. 그저 내가 찾아 나선 우물을 하나씩 따라오다 보니 여기까지 도달했다. 나와는 상관없는 다른 세계라고 생각했던 이 우물에 오래도록 머무를 듯하다.

07. 투명 베일을 벗겨내는 일

> 자신도 의식하지 못한 말과 행동 속에 배인
> 가식, 가면. 가리고 있는 베일을 벗겨내는 일

"그래도 잘 견뎌낸 사라야, 고마워."

문을 열고 들어서는 순간. 몸의 움직임이 부자연스러워지고 화끈거렸다. 얼굴은 이미 굳어져 차가워졌으며 두 눈은 앞을 보고 있지만 시야는 주변 사방으로 흩어졌다. 왜지? 왜일까. 나는 왜 그러는 걸까? 희한하다. 집을 나설 때까지만 해도 아무렇지도 않았던 숨소리가 그곳 문턱에만 들어서면 숨을 쉬는지도 모를 만큼 소리가 딱 멈춘다.

한낮, 사람들로 가득 찬 시청 거리를 걷고 있다. 누구는 손에 커피잔을 들고, 누구는 휴대전화를 귀에 댄 채 빠르게 걸음을 옮긴다. 자동차 바퀴 구르는 소리가 멀리서 짧게 들려오고, 인파 속에서 무심코 뱉은 누군가의 웃음소리가 바람에 섞여 흘러간다. 부산스레 움직이는 사람들 사이로 나는 실게 뜬 눈을 굴리며 부딪히지 않으려 재빠르게 몸을 비틀어 걸었다. 얇은 쌍꺼풀 사이로 어쩐지 불안한 빛이 엿보인다. 건물들 유리창 사이로 눈부시게 반사되는 태양 빛이 내 시야를 어지럽히더니 금세 싸늘해졌다.

'어쩜 이렇게 생겼을까. 왜 이렇게 보잘것없을까….'

나지막이 속으로 중얼거렸다. 분명 나 혼자서 중얼거렸을 뿐인데, 내 목소리가 공중으로 증폭된 것만 같다. 사람들의 시선이 이마에도, 콧잔등에도, 긴장되어 뒤뚱거리듯 부자연스럽게 흔들어대는 엉덩이와 손 발짓에도. 모두 나를 훑어내는 것만 같은 기분이 든다. '에이씨, 왜 쳐다보고 지랄이야.' 밖으로 내비칠 줄도 모르는 화가 잔뜩 치밀어올랐다.

대학생이 되고서 선교동아리 활동을 했다. 첫 모임에서 갓 대학생이 된 아직 고등학생 티도 벗지 못한 각 캠퍼스의 동기들이 우르르 한 줄로 나와 서로 자기소개를 했다. 새내기에게 한없이 애틋한 눈빛을 쏟아내는 동아리 선배들의 사랑이 발가락 끝에서부터 머리카락 한 올 한 올까지 올라 온몸을 가득 채웠다.

"안녕하세요. 저는 제주한라대학교 간호학과 강사라입

니다. 제가 이 동아리에 들어오게 된 이유는." 하고 싶은 이야기가 많았던 모양이다. 아니면 신분과 성격을 세탁할 수 있는, 새롭게 태어날 수 있는 절호의 기회라 생각했을지도 모른다. 이전의 내 모습을 전혀 모르는 그들에게 새로운 모습으로 잘나 보이고 싶었던 모양이다. 짙은 갈색 코르덴 바지는 얇지 않은 허벅지를 더 굵어 보이게 했고 샛노랗게 헐렁이는 목티 그리고 배꼽 주변으로 꽉 여민 진홍색 털조끼는 촌스러웠다.

이전에 없이, 최대한 꾸몄다고 생각한 난 그 자신감을 가득 실어 당차고 명랑한 어조로 말했다. 초조함이 조금도 새나가지 않게, 누구도 절대 눈치채지 못하게. 그렇게 나는 똑소리 나고 말 잘하는 새내기로, 소심한 선배들에게는 잘난 후배라서 담당하기 부담스러운 후배로, 동기들에게는 자랑스러운 동기이자 내심 부러워 시기 질투하거나 친해져 버리고 싶은 동경의 대상으로 자리매김을 톡톡히 해냈다. 그럼 뭐하나. 미친년 널 뛰듯, 어느 날엔 활기 넘치게 웃고 떠들다가도, 어느 날엔 조용히 어두운 구석에 앉아 움츠러들기를 반복하니 결국엔 그들도 모두 눈치채버리고 말았다.

학교가 끝나면 재깍 집으로 돌아왔다. 웅크리면 나도 거뜬히 들어가 앉을 개 밥솥 밑에 불쏘시개를 넉넉히 넣고 불을 지핀다. 월,화,수,목,금 토요일을 그렇게 반복하다 일요일 저녁이 되면 난 죽고 싶어졌다. 마당에서 한껏 형제들과 놀다가도 날이 어둑해지고 월요일이 훌쩍 다가와 버린 그날, 그 시간은 매번 그랬다. 어떻게 하면 아픔 없이 죽을 수 있을까? 아직 초경도 시작하지 않았던 나는 죽을 수 있는 여러 가지 방법을 생각하다 그날은 독버섯을 떠올렸다. 먹고 죽는 버섯인지, 먹고 사는 버섯인지도 모르고선 먹으면 죽겠다는 생각으로.

　　오늘은 누구랑 같이 조회 시간에 나갈지, 화장실엔 혼자 갈지 아니면 몇몇 친구들이 무리 지어 갈 때 혼자인 거 티 안 나게 섞여갈지, 점심 도시락은 누구 팀에 겨우 껴서 먹을지, 쉬는 시간엔 누구와 한마디라도 섞어볼 수 있을지. 이런 초조함이 내 자신을 너무 초라하고 비참하게 담금질을 해댔다. 단짝 친구가 있었던 적이 있었던가? 혼자 거울 앞에 가방을 메고 우두커니 서서 말했다.

"못생겼다. 못생겼어."
"...."
"...." "오늘은 학교에 가지 말아야겠어."

　　투명한 베일을 벗어내는 건, 때로는 나를 다시 쓰는 일인지도 모를 일이다.

08. 불편한 현실

> 현실과 이상의 갭이 클수록, 현재 자신의 환경과 형편을 인정은 하되 허용하지는 말 것!

참으로 멋진 일입니다.

커다란 창문 틈새로 아침햇살이 비집고 기지개를 켜고, 재잘거리는 새들의 수다 소리가 귀를 쨍하게 합니다. 잠을 실컷 자고 개운히 일어난 몸을 침대에서 일으켰는데 오늘 하루의 시작이 이토록 가벼울 수가 없습니다.

거실 한쪽 기둥에 기대어 뜨거운 김이 피어오른 커피를 한 모금 마시고 '흐음….' 이토록 행복할 수가 있을까. 나를 둘러싼 모든 에너지가 자유롭게 유영합니다. '이게 내 인생이 맞나?' 싶은 순간들, 기대했던 것과는 너무나도 다른 오늘의 풍경. 지금의 이 모든 것은 어제의 내가 선택한 결정 모음집이라지만, 정말이지 저는 지금의 이 모습을 그 어느 것 하나 선택한 적이 없습니다.

그런데 왜 이 모양일까요.

.

.

.

맞습니다.

나는 선택한 적이 없다고 말했지만, 분명 내가 선택한 것들입니다. 무조건 참는 걸 선택했고, 말보단 눈치를 먼저 보는 걸 선택했고, 내 마음보다 남의 기대를 우선한 것도 결국은 내가 선택했습니다. 피곤해도 괜찮다고, 이 정도면 되는 거라고 스스로를 설득했던 밤들도 있었고, '언젠가는 괜찮아지겠지' 하루를 넘기며 살아온 날들이 무수합니다.

결혼도, 직장도, 관계도 어느 누구도 강요하지 않았습니다. 결국엔 모두, 내가 결정하고 내가 받아들인 일들이네요. 그래서 더 미묘합니다. 억울한데 억울할 수 없고, 답답한데 누구 탓도 할 수 없습니다. 이제 깔끔하게 인정하겠습니다.

그러나 그러나.

익숙해지지는 않겠습니다. 이대로 괜찮다고 허용하지 않겠습니다. 나는 지금도 변함없이 그 이상을 원하고 있으니까요.

09. 물음으로 채워지는 시간

> 나를 위한 물음으로 채워가는 시간.
> 여태까지 누구도 내게 이런 물음을 던진 이가 없었다.
> 가족도 내 자신도.

여태껏 누구도 묻지 않는 질문을 이제는 내가 나에게 물어야겠습니다. 익숙한 질문이 아닌 익숙하지 않은 질문을 말이지요.

"도대체 나는 나를 얼마나 믿고 있었던 걸까?"

"좋아하는 일인데 왜 자꾸 도망치고 싶지?"

"내가 지금 힘든 건, 정말 일이 많아서일까?"

"내가 누군가를 부러워할 때, 진짜 바라는 건 뭘까?"

"나를 사랑한다고 말하면서, 왜 계속 미뤄만 왔을까?"

"언제부터 나는 나를 위로하지 않는 게 익숙해진 걸까?"

"언제부터 나는 사는 게 아니라 견디는 게 됐을까?"

"왜 자꾸 '나중에'라는 말로 지금을 미루고 있을까?"

"나는 정말 사랑받고 싶은 걸까, 아니면 이해받고 싶은 걸까?"

"행복해지기 위해 뭘 해야 할지보다, 뭘 멈춰야 할지를 고민해 본 적 있을까?"

"나는 지금도 '괜찮은 사람'으로 보이려고 연기하고 있는 건 아닐까?"

"내가 싫어하는 사람에게서, 내 모습이 보였던 적은 없었을까?"

"나는 나에게 얼마나 진심이었을까?"

"지금의 선택이 진짜 '나의 선택'이라고 말할 수 있을까?"

"내가 그토록 바라던 삶이 이게 맞는지, 한 번이라도 멈춰서 물어본 적 있었나?"

"가끔은 모든 걸 내려놓고 싶다면서, 정작 아무것도 내려놓지 못하는 이유는 뭘까?"

"나는 왜 늘, 다 괜찮은 척을 해야만 했을까?"

물음이 채워질수록 나는 점점 더 나다워집니다.

그리고 마침내 정말 알고 싶었던 대답 하나를 발견하기도 합니다. 그런 게 진정 나를 채워가는 시간이지 않을까요?

10. 인생살이

> 모든 이들의 삶이 다르므로 딱 들어맞는 정답은 없다.
> 누군가 정답을 내려주기를 기대하지 말고,
> 자신만의 해답을 찾아라.

인생이란 것도 그렇더라고요.

인생이 별 게 있느냐 하는 이들도 있고, 인생이란 별 게 있다는 사람도 있고 말이에요. 여러분들은 어떻게 생각하시나요?

아주 오래도록 인생에 꼭 정답이 있는 것만 같았습니다. 심지어 내 인생인데도 누군가 정해놓은 정답 같은 거 말입니다. 인생의 어느 지점에 이르니 알아버렸습니다. 어느 누구도 내 인생에 정답을 내릴 수 없으며 그렇도록 내버려두어서도 안 되는 일인 것을 말입니다. 그런데 왜 자꾸 사회는 부모는 타인은 자꾸 내 인생의 정답을 본인들이 모두 알고 있는 것처럼 나를 가르쳐

왔을까요?

생각해 보면 너무 한탄할 일입니다. 오래도록 내 인생 속고 살았다. 는 생각이 들어서요. 사실은 그들도 그렇게 강요를 받으며 살아왔겠지요? 그래서 그 이상 알지 못했던 것이겠지요?

아이들이 많이 컸습니다. 첫째는 중학생 2학년, 둘째는 중학생 1학년, 셋째는 초등학생 6학년이지요. 그리고 마지막 넷째는 일곱 살입니다. 첫째와 둘째 차이가 몇 년이라도 간격이 있었다면 한 번의 경험이 두 번째는 좀 더 수월했을 듯도 한데 사춘기를 지나 훌쩍 키가 나보다 자라버린 첫째 둘째 셋째가 어떨 때는 부담스럽습니다.

갑자기 "왜 그래요?" 굳은 얼굴과 눈꼬리가 매섭게 얇아진 모습을 보고 있노라면 어쩌면 나도 그들에게 인생의 정답을 가르치려 하는 것은 아닌가 아차 싶을 때가 있다니까요.

40대가 되고 알게 된 것들이 있습니다. 그러나 그것도 인생의 정답은 아닙니다. 예전엔 전혀 몰랐지만, 알게 된 것들도 인생의 정답이 되지 않습니다. 어쩌면 그조차도 알고 있다고 생각했는데 좀 더 살아보니 알고 있던 게 아닐 수도 있습니다. 여러분도 알다시피, 인생살이란 그렇습니다. 그러니 누군가의 정답이 되려고도 하지 말고 누군가로부터 정답을 찾으려고도 마시기를 바랍니다. '정답'이라는 삶이 될 테니까요.

완벽한 이상에 휘둘리지 말고 우리 자신만의 해답을 찾아가면 그것이 목적을 이루는 우리 인생, 참 나다운 삶이 될테니까요.

11. 내 안에 답이 있다

> 셀프텔러 김창옥 교수를 아시나요?

　　　　남편과 이야기를 나누는데 갑자기 양 눈 끝으로 눈물이 또르르.... 금세 주르르 흐르는 거야. 뭐가 서러웠던 것도 누구 하나, 내게 뭐라는 것도 아닌데. 너무 애썼던 거야. 너무 열심히 했던 거지. 내가 자신에게 다독이더라고.

　　'괜찮아.'라는 말
　　아이가 실수로 그릇을 옮기다가 엎는 바람에 바닥에 내동댕이쳐졌어. 순간 "아, 뭐해!" 나도 모르게 내뱉었지. 떠오르는 이야기가 있었는데, 김창옥 교수님이 얘기했던 자녀가 실수했을 때의 한국 엄마들 반응. 순간 같이 놀란 아이에게 급하게 말했어. "괜찮아~ 괜찮아" 아이가 안도했는지 울음을 터뜨리는 거야. 얼마나 미안하던지.

열심히 애쓰던 어느 날, 실수를 했든 안 했든 그것과 상관없이 그냥 '괜찮아.'라는 말을 내 안의 아이가 기다리고 있었는지도 몰라. '조금 쉬었다 가도 괜찮아. 조금 더딘거 같지만 괜찮아. 화를 냈어도 괜찮아.' 너 자신에게 이야기해 줘. 삶이 될 테니까.

'도전'이라는 말
예전에는 새로운 것을 시작하고 시도한다는 것이 왜 그렇게도 어려웠는지 몰라. 머리로는 알겠는데 차마 발이 떨어지지 않는 거야. 그래서 이십 대에도 삼십 대, 사십 대에도 도전해 보지 못한 것들이 너무 많아. 그런데 참 신기하지? 한번 시작해 봤더니 그다음에도 시작해지고, 한 번 시도해 봤더니 그다음 시도하는 것이 이전보다 훨씬 쉬워지더라고. 불가능하다고 생각했던 것들이 해보니 별것 아니더라는. 그리고 어느 날 '그냥 하면 되지.'라는 마인드 셋이 됐어. 이미 하고 있는 나를 발견해. 엄청난 내 삶의 변화를 일으키는 '실행'이라는 선물을 덤으로 얻게 된 거지. 넌 오늘 뭘 시작할 거야?

'마음을 다하여.'라는 말

마음을 다한다는 건 '완벽하게'라는 뜻은 아니야. 그냥, 오늘 하루 무언가 하나쯤은 내 진심으로 살아보겠다는 거야. 진짜 내 마음으로 톡을 보내고, 진짜 내 마음으로 밥을 먹고, 진짜 내 마음으로 오늘을 살아보는 거. 누군가는 티도 안 난다고 말하겠지만, 마음을 다한다는 건, 남 보여주려는 게 아니라 내가 내 안을 들여다보는 일이니까. 내가 뭘 좋아했는지, 뭘 원했는지. 그래서 가끔은 하나쯤은 꼭 마음 다해봐야 해. 그래야 '아, 나 아직 괜찮구나' 하는 마음이 다시 살아나거든. 마음을 다한 만큼 무너질 수도 있겠지. 근데 그 무너짐은 나를 알게 해. 결국은 다시 일어나게도 하니까. 그러니 제발, 누구보다 너 자신한테만은 가장 진심이었으면 좋겠다.

'관계'라는 말

사람의 마음은 장미와도 같다고 누가 그러더라. 적당히 따뜻해지면 새빨갛고 아름다운 꽃을 피우지만, 무례함이라는 가시가 있어서 찌르기 쉽다고. 관계가 더욱 가까워지면 돈독해지기도 하겠지만 자칫 잘못하면 선을 넘는 경우가 생기지. 그런데 그게 참 어렵더라. 경계라는 것이 너무 상대적이고 개인의 기준이 달라서 나에겐 문제가 되지 않는 선이었는데 그에겐 상처가 되는 선이 될 수도 있다는 거지.

그런 경우 있지 않아? 나는 정말 모르겠는데, 아무리 생각해도 모르겠는데 아무 표현 없이 선을 긋고 가버리는 사람. 그래서 난 확실하게 자기표현을 하는 사람이 좋더라.

12. 쉼표와 느낌표

> 오늘 하루,
> 어떤 쉼표와 어떤 느낌표를 찍으셨나요?

저는 오늘 하루도

틈틈이 쉼표를 찍고

틈틈이 느낌표를 찍었습니다.

멈추고 싶은 마음이 쉼표가 되고,

도전하고자 하는 설렘이 느낌표가 됩니다.

단순한 기호가 아니라

내가 지금 어떻게 살아내고 있는지를

말해주는 조용한 '문장들'입니다.

13. 깨어나라 말해준 스승들

| 책 속에서 만난 인생 멘토

물리적으로는 한 번도 만나본 적 없지만, 내 인생을 일깨워준 스승들이 있다. 책 속에서 처음 만났고, 미디어를 통해 얼굴을 보았고, 때로는 짧은 한 문장에서 함께 걸었다. 우리가 사는 이 시대는 참 고맙게도, 성공한 사람들을 '가까이에서' 지켜볼 수 있는 세상이다. 몇 번을 반복해 읽은 문장 하나가 나를 깨우고 거울을 들이밀 듯 내게 되묻는다. 삶의 방향을 바꾸고 태도를 바꾸고 결국 나를 바꾼다.

그래서 책이 좋다. 텍스트로 만나는 사람은 좀처럼 물러서지 않고 묵직하게 내 생각을 밀어붙이니까. 글 속에 진득하니 머물게 되니까. 인생을 복습할 수는 없지만, 누군가의 인생을 예습할 수 있다는 것이 참 묘미다. 실패한 날에는 실패한 사람의 책을 읽고, 흔들릴 때는 흔들리면서도 끝내 이겨낸 사람의 목소리를 듣는다.

의식이 자라는 시간은 조용히 찾아온다. 처음엔 그저 마음이 움직일 뿐이다. 그러다 어느 날 갑자기 행동이 달라진다. 작은 선택이 달라지고, 말투가 달라지고, 생각의 높낮이가 달라진다. 그리고 그 변화를 알아채는 사람은 늘 자신이 가장 마지막이다. 책이 바꾼 게 아니라, 책을 읽고 내가 바뀐 거다. 내 안의 잠든 무언가가 깨어났기에. 그런 스승들은 매일 마주할 필요도 없다. 그저 마음이 메마를 때, 가치관이 흔들릴 때, 선택 앞에서 머뭇거릴 때, 내 안의 소리를 너무 못 들을 때, 그때 다시 펼치면 된다.

책 한 권이 인생을 바꾸지는 않는다. 하지만 책 한 권으로 내가 바뀔 수는 있다. 그걸 알게 해준 사람들. 내 인생에 깨어나라 말해준 사람들. 이름 모를 수많은 스승 덕분에, 나는 오늘도 조금 더 나아지고 있다.

14. 편집

> 인생을 편집해 본다.

내 인생의 편집자는 오로지 나뿐입니다. 그런데 대부분은 그 중요한 자리를 남에게 내어주기 십상입니다. 부모가 대신 편집을 하고 타인 또는 세상이 원하는 컷만 붙잡고 살아가죠. 하지만 두 번 다시 살아보지도 못할 인생은 영화처럼 단 한 큐에 돌아갑니다. 어쩌면 그래서 더더욱 편집이 중요한지 모릅니다.

김창옥 교수의 이런 질문이 있습니다.

"지금까지 산 것처럼 앞으로도 살 건가요?"

이건 단순한 질문이 아닙니다. 지금, 이 순간부터 자신의 인생을 어떻게 살 것이냐는 질문입니다. 지금까지 산 것처럼 앞으로도 살아도 되겠다 생각하시는 분은 참 잘 살아오셨습니다. 그러나 혹 그렇지 못한 분들이 계시다면 이젠 편집의 주도권을 자신이 가지시기를 권합니다. 여러분의 인생은 누구의 것도 아닌 진짜 '여러분만의 작품'이 될 테니까 말입니다.

오래도록 누군가 던진 말 한마디가 상처가 되고 묻어둔 기억이 되기도 합니다. 그게 편집되지 않은 채 마음속에 눌러앉아 가끔 우리들의 장면을 좌지우지하고는 하지요. 누구나 그런 것 하나쯤은 있습니다. 잘 모르고 살아갈 뿐입니다. 저도 그랬습니다. 어릴 적 들었던 말이었는데, "너는 왜 그것밖에 못하니?" 그 한마디가 내 모든 가능성을 잘라버렸다는 것을 알게 됐습니다. 늘 주눅 들고, 도전 앞에 망설였습니다. '난 그런 사람이야.' 그러나 이제는 알겠습니다.

그 기억들, 감정들, 관계들, 습관 중 더 이상 내 인생에 도움이 되지 않는 것들이 있다면 편집할 수 있어야 한다는 것을요. 누군가가 정해준 대본대로 연기하지 않아도 되지 싶습니다. 내가 말하고 싶은 대사, 내가 표현하고 싶은 감정, 내가 살고 싶은 장면으로 다시 써도 괜찮다는 이야기입니다.

지금까지가 아니라, 지금부터가 중요하다는 걸 알게 된 지금, 비로소 나는 내 인생의 감독이 되어보려고 합니다. 조명도 다시 켜고, 카메라도 다시 돌려봅니다. 그리고 속삭입니다.

"컷. 여기까진 됐어.
자, 다음 장면부터는 내가 편집할게."

15. 감정 근육

> 내면 근육 키우기,
> 내면 근육 쌓기

　　감정은 순간의 반응이기도 하지만, 사실은 평생 훈련해야 할 근육이에요. 조금만 불편해도 표정을 숨기지 못하고, 상처받은 티를 내고야 마는 자신을 보면 감정이 약하다는 건 참 무방비하다는 뜻이기도 하죠. 누가 무심코 한 말 한마디에 하루를 통째로 망쳐버리는 날이 있다면, 우린 아직 내면의 근육이 단련되지 않았다는 신호예요. 그렇다고 감정을 억누르라는 말은 아니에요. 슬프면 울고, 화나면 속상하다고 말할 수 있어야 하죠.
　　다만 감정이 나를 휘두르도록 두지 말자는 거예요. 감정은 흘려보낼 줄도 알아야 하고, 잡아둘 줄도 알아야 하니까요.

무거운 감정을 다루는 법을 배워야 그 무게에 짓눌리지 않게 되거든요.

내면 근육이란, 그런 거예요.
눈물이 쏟아져도, 말을 아끼는 힘.
억울한 순간에도, 말 한 줄 늦출 줄 아는 힘.
마음이 복잡한 날에도, 남 탓부터 하지 않는 힘.

그게 감정을 붙들 수 있는 사람의 깊이예요. 사람은 결국, 감정을 다루는 방식으로 신뢰를 줍니다. 결국 말투, 표정, 태도, 이 모든 게 감정 근육에서 비롯되니까요. 마음이 자주 흔들리고, 이유 없이 무너진다면 근육이 약한 거예요. 안 쓴 근육은 쉽게 지치고 금방 아프니까. 조금씩이라도 매일 쓰고, 매일 키워보세요. 그러다 보면 어느 날, 상처받아도 쉽게 무너지지 않는 자신을 보게 되지 않을까요? 누군가를 이해하려는 마음이 먼저 자라는 자신을 발견할 거고요. 그때가 바로 내면 근육이 단단해졌다는 증거예요. 그리고 그런 당신은, 이미 누군가의 위로가 되어 있을 거예요.

* 감정 근육을 훈련하는 법 5가지 *

1. 내면을 가만히 들여다본다

2. 솔직한 감정을 마주한다

3. 감정을 마주하되 끌려가지 않는다

4. 마음을 세우기 위해 책을 읽는다

5. 정직하게 그 시간을 지나간다

16. 통찰

> 수많은 질문으로부터 기인한 통합,
> 투영적 사고, 똑똑한 뇌

　우린 때때로 정답을 주는 사람에게 끌린다. 그러나 진짜 변화를 일으키는 건 질문하는 사람이다. 질문을 곱씹으며 통찰이 생기고, 침묵하는 동안 지혜가 깊어진다. 결국 통찰이란, 아직 아무도 답하지 않은 질문을 오래 껴안고 말없이 살아내는 과정일지 모른다. 그러다 문득, 하나의 문장이 떠오를 때가 있다.
　"그때 그 일이 이것을 위함이었구나." 그건 절대 책 한 권, 강의 하나로 얻어지는 게 아니다. 직접 살아낸 사람이 쓸 수 있는 지혜이다. 그러니 조급해하지 말고, 오늘도 조용히 나만의 질문을 껴안아 보자. 답은 그 안에 있다.

17. 표정

> 이제 내 얼굴에 내가 책임져야 할 나이.
> 삶의 이력서 어떤 표정 어떤 이력서를 새겼는가?

젊은 시절부터 그런 이야기를 많이 들었다.

"40대에는 자신의 얼굴을 책임져야 할 나이래." 그 말을 들으며 그렇겠구나. 라는 생각을 줄곧 했지만 이제 내가 직접 내 얼굴을 책임져야 할 나이가 됐다.

거울 속 얼굴은 생년월일보다 내가 살아온 방식, 견디어 온 햇수, 울며 웃으며 삼킨 말, 살아오며 애쓴 순간들의 압축 파일이다. 삶의 이력서라는 것은 종이보다 얼굴에 먼저 새겨지는 법이다. 어떤 표정을 반복했는지. 하루가 피곤할 때마다 내려앉은 입꼬리, 이해 못 해도 애써 웃던 예의, 말 대신 꽉 다물던 턱.

이런 작은 습관 근육들이 모여 얼굴의 기본값을 만든다. 같은 근육을 자주 쓰면 굵어지고, 잘 쓰지 않는 감정은 얼굴에서도 잔잔해진다. 반복된 찡그림은 주름이 되고, 자주 올려다본 눈빛은 이마 대신 시선의 깊이를 남긴다.

가끔 "엄마, 화났어?"라는 질문을 아이들에게 듣곤 했다. 그럴 때마다 의아한 표정으로 "아니? 왜?" 화난 거 같단다. 무표정으로 있는 내 얼굴은 그런 모양인가 보다 싶어 가만히 있을 때조차 표정에 신경을 쓰기 시작했다. 입꼬리를 살짝 위로 당겨 올려본다.

오늘 하루 동안 내 표정이 가장 많이 사용된 순간을 떠올려 보자. 누구 앞에서 나는 굳어지고 누구 앞에서 풀어지는지. 대답 속에 내가 어디서 긴장하고 어디서 숨을 쉬는지가 드러난다. 표정을 바꾸려면 감정의 사용 습관부터 관리해야 한다.

1. 말을 덜어내기 전에 호흡을 한 번 길게 가져보기
2. 눈을 맞추고 고개를 살짝 끄덕이는 시간을 가져보기
3. 입꼬리를 억지로 드는 대신 감사한 구체를 떠올려보기

나이 들수록 표정은 선택이다. 오늘 내 표정이 내 삶의 다음 줄을 쓰고 있다는 사실을 의식하는 것, 거기서부터 다시 시작해보자.

18. 변명

> 옛날에, 그러니까 아주 옛날 내가 어렸을 때 말예요....
> 여러분도 지금의 나를 에두를 수 있는 변명 하나씩은 가지고 살고 있지 않나요?

변명처럼 구차한 게 있을까.

그럼에도 이유를 대는 것이 최소한의 예의가 되어줄 때 굳이 꺼내지 않아도 될 변명을 늘어뜨려 놓아야 할 때가 있다. 그것이 '나를 이해해 주세요.'라며 상대에게 최소한의 노력을 하는 모양이라도 될 때에.

사실 변명엔 두 종류가 있어. 상대를 배려하려는 서툰 포장과, 나를 숨기려는 회피. 앞의 것은 때로 관계를 지키는 완충재가 되지만 뒤의 것은 나를 갇히게 하는 벽돌이 되지. "시간이 없어서요."라는 말 뒤에 진짜 들어 있는 건 "그 일은 아직 내 우선순위가 아니에요."일 때가 많고, "아이들 때문에 못 해요."에는 "아이들 핑계로 내 꿈을 미뤄두면 덜 두렵거든요."가 숨어 있기도 해. 변명은 순간 부끄러움을 덮어주지만 반복되면 정체성이 된다는 거 알아?

어느 순간부터 사람들은 내 설명을 듣지 않고 내 변명 패턴을 먼저 기억해. 결국 나조차도 그 패턴을 믿게 되고, 그것이 내 삶의 한계치가 돼버리지. 그렇다고 모든 사정을 생으로 까발릴 필요는 없어. 다만 스스로에게만큼은 변명을 '이유'로 바꿔 적는 연습이 필요하단 거야. 못 했어. 대신 안 했어. 안 했던 나는 이제라도 어떻게 해야 하지? 까지 써보는 거야.

이게 책임 전환의 첫 줄이거든. 종이에 지금 가장 자주 쓰는 변명 한 줄을 적어 봐. 돈이 없어서, 늦었으니까, 난 원래 이런 사람이니까. 그 말 옆에 아주 작게라도 어떻게 해결할지 붙여. 그래도 10분은 할 수 있음, 기회가 왔을 때 하나라도 시도해보기, 오늘부터 한 문장 써보기. 어릴 적 했던 말이든 어제 던진 핑계든, 지금 이 순간부터는 그것들이 내 내일을 묶는 끈이 되지 않게 스스로 잘라낼 수 있었으면 해. 변명은 살짝만 걷어내도 그 아래에 아직 포기하지 않은 마음이 기다리고 있어.

그 마음을 건져 올리는 일이 어쩌면 어른이 되는 가장 구체적인 장면일지 몰라.

19. 한 방

> 한 방을 바라지 말고 정직한 한 걸음을 걸으라는 말.
> 무엇이든 한 번에 되는 것은 없다는 걸 인정하기까지
> 얼마나 많은 시간이 필요했던가. 욕심 버리기

한 방을 바랐다. 이만큼 커다란 열정이면 한 방에 터질 수도 있을 테지. 지금까지 진짜 열심히 살아왔으니, 이 정도 살아온 나 정도라면 한 방은 내가 가져도 되지 않을까. 그러나 그것은 열정이 아닌 과욕이었고 성공욕에 불과했음을 시간이 한참 지나고야 깨달았다.

한 방을 바라는 사람은 사기를 당하기도 쉽다. 사기를 당한 것은 아니었지만 혹해서 혹 갔다가 훅하고 한 방 먹었던 경험은 있다. 과정보다 결과를 중요하게 여기는 성향도 큰 몫을 했다. 큰 놈의 한 방을 매번 기대하고 애쓰고 또 기대하고. 결국 지

쳐서 번아웃이 왔다. 그때야 비로소 한 방을 바라지 말고 정직한 한 걸음을 걸으라는 말을 깊이 이해했다.

그렇다고 평생 들고 살던 버릇이 하루아침에 바꿔진 않더라. 지금도 가끔 결과를 먼저 확인하고 낙심부터 할 때가 있다. 그럴 때마다 의지를 들여 정직한 한 걸음에 다시 초점을 맞춘다. 다시 정신을 차리는 순간. 조금씩 내 생각과 하루의 구조가 달라진다. 수치 대신 기록, 비교 대신 누적. 과정을 쌓는 일이 재미가 되고 의미가 생기기 시작했다.

욕심을 버린다는 건 목표를 버리는 게 아니다. 목표를 잘게 쪼개어 걸을 수 있는 크기로 나누는 것이다. 기대를 줄이면 집중이 선명해진다. 집중이 선명해지면 진도가 난다. 아주 작아도 괜찮다. 오늘의 정직한 한 걸음이 가장 안전하고 확실한 '한 방'이 된다는 것을 확신하면 되는 일이다.

20. 세 번째 단계

> '영화를 사랑하는 첫 번째 단계는 같은 영화를 두 번 보는 것이고, 두 번째 단계는 영화평을 쓰는 것이며, 세 번째 단계는 영화를 만드는 것이다. 그 이상은 없다.'
> - 프랑수아 트뤼포

    책을 사랑하는 저는 어떻게 고백하면 좋을까요. '책을 사랑하는 첫 번째 단계는 같은 책을 두 번 읽는 것, 두 번째 단계는 책 속의 문장을 필사하는 것, 세 번째 단계는 책을 직접 쓰는 것 그 이상은 없다.' 이것이 제가 프랑수아 트뤼포의 영화를 사랑하는 법과도 같은 책을 사랑하는 법입니다.

    기억이 가물가물한 그 어느 때부터 책을 사랑했던 저는 매일 책이 닳도록 읽으면서도 더 이상 어떻게 더 사랑할 수 있을지 답답함에 애달았습니다. 마음을 표현하는 일이란 고작 좋은 책들을 찾고 더 많이 읽는 것, 책에서 경험하고 배운 것들을 제

삶에 실천해 내는 것, 온종일 마음에 닿은 문장을 되뇌어 보는 것, 노트에 꾹꾹 눌러 담은 마음을 끄적이는 것이 전부였죠.

어쩌면 이조차도 않는 이들이 더 많으니 이만하면 충분한 사랑이라 말할 수도 있지 않을까요? 그러다가도 그래도 어딘가 모르게 더 사랑하는 방법이 있을 것만 같았습니다. 책과 함께하는 것은 제가 가장 좋아하고 평생 하고 싶어 하는 일입니다. 진즉 알았더라면 이십 대 시절 전공과 아무런 상관없는 출판업에 알바생으로라도 들어갔을 텝니다. 그러나 이제라도 알아 참 다행입니다. 이젠 누구보다 책을 최고로 사랑할 수 있는 단계에 이르렀으니 말입니다. 매년 한 권의 책을 써내고 있는 저의 사랑법이 그것을 증명해 냅니다.

여러분은 좋아하는 일, 하고 싶어 하는 일들에 대한 사랑의 표현을 어디까지 해보셨나요? 세 번째 단계까지 이르러 보셨나요? 완벽하지는 않더라도 말입니다.

21. 철학에 관하여

> 살아가는 방식에도,
> 끝까지 붙잡고 싶은 태도가 있다.

누구에게나 인생을 끌고 가는 자기만의 철학이 있다. 다만 그게 거창한 말로 정리된 문장이 아니라서 그렇지, 삶의 가장 어두운 순간에도 자기를 붙잡고 있는 무언가는 있다.

나는 한때 '철학'이라는 말이 참 부담스러웠다. 용어조차 나와 거리가 먼 것처럼 여겨졌을뿐더러 사실은 내게 '나만의 생각, 주장'이 없이 성장했고 그렇게 이십 대 삼십 대를 살아왔기 때문이다. 뭔가 대단한 사람들, 사유하는 자들의 전유물처럼 느껴진다. 자신이 지닌 신념이나 기준을 철학이라 부르고 사는 사람들이 얼마나 될까.

마흔이 지나고 내 꿈을 찾아서 내 인생을 주도적으로 살아가는 지금에 와서야 알게 됐다. 철학은 아는 것이 아니라 견디는 것이고, 거창한 언어가 아니라 결국 살아내는 방향이라는 걸. 누구나 자기만의 철학이 있다. 아프다고 멈추지 않는 것, 막막하다고 돌아서지 않는 것, 버거워도 자신을 포기하지 않는 것, 그건 단순한 고집이 아니라 자기 인생에 대한 태도이자 철학이다.

나는 '끝까지 가면 돼, 그게 성공이야'라는 문장을 붙들고 살았다. 때로는 무기력하게 주저앉고, 스스로가 못나 보여도 이 말을 다시 떠올리며 하루를 이어갔다. 철학이란 건 결국, 흔들려도 다시 돌아올 수 있는 중심이고, 아무도 몰라도 나만은 포기하지 않는 마음이다. 멋진 말로 정의할 수 없어도 좋다. 당신이 매일같이 붙들고 있는 문장, 끝내 놓지 않는 마음이 있다면, 그건 이미 철학이다. 그 철학이 당신을 지킨다. 언젠가 당신이 버텨온 이유를 묻는 사람이 있다면, 대답하면 된다.

그냥, 내 철학이야. 그렇게 끝까지 가면 되지.

22. 거짓말

> 가끔은,
> 괜찮다는 거짓말이 나를 살린다는 걸 아시나요?

살다 보면 꼭 한 번쯤은 스스로에게 거짓말을 해야 할 때가 있다. 괜찮은 척해야 버틸 수 있고, 안 아픈 척해야 하루를 지나갈 수 있다. 그건 누구를 속이기 위해서가 아니라, 그냥 지금의 나를 지키기 위한 어쩔 수 없는 선택이다.

나는 여러 번 그런 거짓말을 했다. '이 정도는 아무 일도 아냐', '지금, 이 순간이 지나면 다 괜찮아질 거야', '나는 아직 괜찮은 사람이야' 하고. 그 말들이 모두 진심이었던 것은 아니지만, 이상하게도 그 거짓말들이 나를 주저앉지 않게 해줬다. 나중에 돌이켜보면, 그건 거짓말이라기보단 바람에 가까웠고, 그 바람이 결국 나를 지금까지 끌고 왔다는 걸 알게 된다.

때로는 있는 그대로의 감정을 인정하고 싶은데, 그게 허락 되지 않는 날도 있다. 너무 솔직하면 무너질 것 같아서, 말 못하고 삼킨 감정들이 내 안에 쌓여간다. 하지만 그건 참으라는 말이 아니라, 자신을 속여서라도 일단 살아내야 하는 시기가 있다는 뜻이다.

진짜 감정은 시간이 지나면 반드시 다시 올라온다. 중요한 건 그 감정을 끝내 외면하지 않는 것이다. 나 자신에게 이렇게 말해준다. '괜찮다고 했던 건, 정말 괜찮아서가 아니야. 그냥 오늘을 넘겨야 했던 거야.' 나는 그 말을 다시 꺼낼 수 있을 만큼, 지금은 더 단단해졌다. 어쩌면 우리는 진짜로 괜찮기 전에 수없이 괜찮다고 말해보는 연습을 하는지도 모른다. 그 연습 속에서 어느 날, 거짓말처럼 정말 괜찮은 내가 되어 있기를 바라면서.

23. 텅 빈 속

> 비어 있다는 건,
> 다시 나로 채울 수 있다는 뜻이다.

무언가를 끊어내고 나면 꼭 속이 비어 있는 느낌이 든다. 몸에서 빠져나간 게 감정인지, 에너지인지, 관계인지 알 수는 없지만, 분명한 건 '채워졌던 것'이 사라졌다는 거다. 그 순간은 오히려 아픔보다 허무가 먼저 찾아온다. 아플 줄 알았는데 너무 조용해서 이상하고, 시끄러울 줄 알았는데 말없이 멍하다. 나는 그럴 때면 내가 진짜 원하는 게 뭔지, 무엇 때문에 지쳐 있었는지를 뒤늦게 깨닫곤 한다.

다 버텼는데도 남은 게 없을 때, 그래서 텅 빈 속을 마주할 때, 인간은 생각보다 단단하지도, 무너지지도 않는다. 그냥 멈춰 있는다. 그저 가만히, 아무 말도 없이 하루를 지나간다. 텅 빈 속은 때로 나를 무너뜨리는 게 아니라, 다시 나를 발견하게 만든다. 비로소 내가 무엇으로 채워졌었는지, 그게 나를 얼마나 배부르게 했는지를 알게 되니까. 관계 하나, 감정 하나, 기대 하나를 내려놓고 나면 빈자리가 남는다. 그런데 신기하게도 그 빈자리가 전부 아프지는 않다. 어떤 건 시원하고, 어떤 건 후련하고, 어떤 건 더 이상 내가 붙잡지 않아도 되는 것들이라는 걸 알게 된다.

어쩌면 비어 있다는 건 때로 두려움이 아니라 기회다. 이제는 내가 무엇으로 나를 다시 채울지를 선택할 수 있으니까. 그게 이전보다 더 건강하고, 더 나답고, 더 단단한 것이라면, 그 텅 빈 속조차 고맙게 느껴지는 날이....바로 오늘이다.

24. 존재 의미

> 내 존재가 단단해야,
> 누구를 위한 삶도 지킬 수 있다.

나는 왜 여기에 있을까.
나는 어떤 사람일까.
나라는 존재가 세상에 어떤 의미를 남길 수 있을까.
이런 질문을 정말 많은 사람들이 하고 사는 걸까?

참 낯설고 신기했다. 일단 나에겐 그 물음이 너무 거창하게만 느껴졌고, 그런 생각을 한다는 것이 별 의미가 없다 여겨졌기 때문이다. 나는 그저 눈앞의 하루를 살아내는 일조차 버거웠으니까. 그런 질문은 누군가 특별한 사람들, 훌륭한 사람들만의 이야기라고 믿었다.

그런데 점점 삶이 내게 방향을 묻기 시작했다. 단지 반복되는 삶이 아니라, 내가 바라는 삶이 무엇인지, 그것을 향해 어떻게 걸어가고 싶은지를 고민하게 되었다.

내 꿈이 생기고, 그 꿈이 누군가의 삶과 연결되고, 타인에게 따뜻한 자극이 될 수 있다는 걸 깨닫게 되면서, 나는 다시 나를 묻게 된 것이다. 나는 누구로 살아가고 싶은가. 어떤 말, 어떤 행동, 어떤 마음을 품고 나를 설명할 것인가. 그때 알게 되었다.

존재 의미란, 누군가를 위한 삶을 살기 위해서라도 내가 먼저 단단해져야만 가능한 일이라는 걸. 중심이 없는 사람은 금방 흔들리고, 뿌리가 약한 사람은 결국 지치고 만다. 내가 어떤 사람인지, 어떤 가치로 살아가고 싶은지를 묻고 확인하고 스스로 인정해야, 누군가를 위한 삶도 흔들리지 않고 지속될 수 있다는 걸 알게 되었다.

존재 의미는 거창한 말이나 위대한 성취가 아니다. 오늘 하루를 나답게 살아낸다는 작고 조용한 결심이다. 그 결심이 쌓여갈 때, 우리는 비로소 삶 안에서 스스로를 이해하고, 견딜 수 있게 된다.

존재란 결국 그렇게, 내가 나를 지키는 방식으로 완성되는 것인지도 모르겠다.

Chapter Two

우리, 마음을 위로하고 싶다

01. 쉴 새 없이 일렁인다면

> 얕은 물은 바람에도 흔들리고,
> 깊은 마음은 고요 속에서 스스로 일렁인다.
> 모두 퍼내어 마중물까지 모두 써버리지 말 것.

마음이 쉴 새 없이 일렁인다면 아직은 내면의 깊이가 얕기 때문입니다. 깊게 잠기는 물은 찰랑이지 않고 일렁이지요. 혹시 잔의 물이 고일라치면 퍼내고 고일라치면 또 퍼내고 있지는 않은지 살펴보세요. 그러다 결국 모두 퍼내어 마중물까지 모두 써버린다면 큰일이니까요.

내 안에 단 한 방울의 고요도 허락하지 않는 삶은 결국 나를 향한 배려가 없다는 뜻이기도 해요. 위로는 남이 건네는 말에서 시작되기보다, 내가 나를 들여다보는 시선에서 시작되거든요. 남들보다 더 많이 애쓴다고, 더 깊이 상처받았다고, 더 자주 흔들린다고 느껴질수록 잠시 멈춰야 할 때입니다. 흔들리는 마음을 다잡으려 애쓰지 말고, 그냥 그 마음을 지켜보세요. 모든 물결은 잠시 일렁이다가도 결국 제 자리를 찾는 법이니까요. 그리고 기억해요, 깊이는 저절로 생기지 않지만, 멈추는 용기에서부터 시작됩니다.

자꾸만 퍼내는 삶이 아니라, 단단히 고이는 삶으로 나아가기로 해요. 마중물은 남겨두고요, 그건 아주 소중한 회복의 시작이니까요.

02. 새롭게 변화하고 싶다면

'네가 붙잡고 있는 것들을 모두 놓아라.'

신의 소리인지, 내면의 소리인지 분간할 수 없었다. 그런데도 그 말은 자꾸만 마음 깊은 곳을 두드렸다. 놓아라. 멈춰라. 스스로에게 몇 번이나 되물었다. 왜요? 내 손에 우리 생활이, 내 꿈이, 내가 이룬 모든 것들이 달려 있는데. 지금 손에서 놓아버리면, 내가 쌓아온 모든 게 무너지는 건 아닐까.

내가 행복하지 않은 건 맞지만, 그래도 여기에 모든 가능성이 있다고 믿고 있는데. 그런데 이상하게도 그 목소리는 멈추지 않았다. 포기하라는 말도 아니었고, 무너뜨리겠다는 말도 아니었다. 그냥, 놓아보라고 했다. 더는 움켜쥐지 말고, 손을 펴보라고 했다. 그 말이 두려웠다. 손을 놓는 순간, 나라는 사람이 사라질까 봐. 내가 버텨온 이유가 사라질까 봐.

나는 결국 놓기로 했다. 설명할 수 없지만, 어쩐지 그 길 끝에 진짜 내가 있을 것 같아서. 그렇게 나는 조용히 멈췄다. 바쁘게 흘러가던 일상을 줄이고, 의미 없는 관계를 하나씩 정리하고, 나를 쥐고 있던 생각들에서 한발 물러섰다. 그때부터 삶이 아주 천천히, 그러나 분명히 방향을 바꾸기 시작했다. 놓는다는 건 단순히 포기하는 게 아니었다. 나를 다시 정돈하는 과정이었다. 잡느라 보이지 않던 것들이 보이기 시작했고, 움켜쥐느라 무거웠던 것들이 사라지자, 어깨가 가벼워졌다. 놓으니, 내 마음에 자리가 생겼다. 그리고 그 자리에 새로운 길이 들어섰다.

1년이 흘렀다. 나는 예전보다 말수가 줄었고, 그만큼 생각이 깊어졌다. 더 멀리 보게 되었고, 더 천천히 걸어가게 되었다. 붙잡는 사람이 아닌, 놓을 줄 아는 사람이 되었다. 지금 나는, 더 멀리 더 크게 가기 위한 단단한 모습으로 서 있다. '놓음'은 끝이 아니라 시작이었다. 그다음을 위한 진짜 준비는, 그제야 비로소 시작되었다.

03. 왜 나만 이란 생각이 든다면

> 이기적인 생각.
> 백만장자들, 성공자들이라면 어려움과 문제가 없을까?

    수준과 농도가 다를 뿐 똑같은 질문과 과제를 풀어내기 위한 무게를 짊어지며 그 삶을 때로는 견디며 또 때로는 버티고 이겨내며 살고 있다. 내 형편이 경제적 자유가 나아졌다고 모든 삶이 쉬워지는 것은 아니다.

    지금 '왜 나만'이라는 이기적인 생각을 하고 있다면, 그때에도 마찬가지의 이기적인 불평을 하고 있을 것이다. 결국 삶은 상황의 문제가 아니라 시선의 문제였다. 어떤 형편에 있든, 어떤 위치에 있든, 사람은 늘 자기 안의 숙제를 끌어안고 살아간다. 겉으로는 평안해 보여도, 속으로는 하루에도 몇 번씩 무너졌다가 다시 일어서는 게 사람이다. 그래서 나는 어느 순간부터 묻기 시작했다. 이 삶은 나에게 무엇을 요구하고 있을까.

지금 내게 주어진 이 상황은 어떤 자리를 마련해주고 있는 걸까?. '왜 나만'이라는 질문은 너무나도 익숙하고 즉각적이라 쉽게 입 밖으로 튀어나오지만, 그 질문에 오래 머물러 있어봤자 삶은 달라지지 않는다. 그보다는 '이 경험이 나를 어디로 이끄는가?'를 묻는 편이 훨씬 낫다.

사는 게 힘들지 않은 사람은 없다. 다만 누군가는 그 무게를 원망으로 옮기고, 누군가는 그것을 내면의 단단함으로 전환할 뿐이다. 누군가의 삶이 유독 평탄해 보일 때, 그 사람이 얼마나 많은 무너짐의 밤을 건너왔을지 상상해 본 적 있을까? 다들 그렇게 살아내고 있었다. 삶은 비교할 수 없는 고유한 무게로 우리에게 다가온다. 중요한 건 그 무게를 어떻게 다루느냐다. 왜 나만이라는 외침에 스스로 갇히지 않기 위해, 나는 오늘도 그 질문을 다르게 바꿔본다. "지금 나는 어떤 나로 자라고 있지?" 그리고 조용히 답해본다.

"나는 여전히, 살아내고 있구나." 이 문장이 내 마음을 붙잡아줄 때, 비로소 무게는 견딜 수 있는 것이 된다.

04. 제대로 한번 살아보고 싶다면

> 흔들리지 않고, 휘둘리지 않고,
> 하루하루를 나답게 살아내는 삶.

　제대로 한번 살아보고 싶다는 생각을 자주 합니다. 물론 그렇게 살기란 쉽지 않습니다. 사랑이 마음을 이끌고, 감정이 판단을 흐리고, 예상치 못한 상황이 계획을 어그러뜨리는 날이 많기 때문입니다. 우리는 매일 사랑하고, 흔들리고, 기대하고, 실망합니다. 한 번쯤은 제대로 살아보고 싶다는 그 마음조차 감정이라는 파도 앞에 무력해질 때가 있습니다.

　하지만 저는 이제야 조금 알 것 같습니다. 제대로 살아간다는 것은 매일의 작은 철학을 품고 하루를 바라보는 태도에서 시작된다는 것을 말입니다. 내가 어떤 사람이고 싶은지, 어떻게 살아가고 싶은지, 무엇을 지키고 싶은지를 매일 나 자신에게 묻는 일입니다. 저는 그것을 '데일리 필로소피'라고 부릅니다.

어떤 하루든, 그날의 내 삶에 철학 하나를 두는 일입니다. 그 철학은 거창할 필요가 없습니다. 예를 들어, 오늘 하루만큼은 사랑 앞에서 서두르지 않겠습니다. 감정이 끌고 가는 방향에 무조건 따라가지 않겠습니다. 상황이 어렵다고 마음까지 휘청이게 두지 않겠습니다. 우리가 하는 선택 대부분은 충동에서 비롯됩니다.

사랑도, 말도, 결단도 순간적인 감정에 좌우되곤 합니다. 하지만 그 순간 멈춰 설 수 있는 사람이 인생을 단단히 이끌어갑니다. 감정은 이해하되, 행동은 신중해야 합니다. 상황은 받아들이되, 중심은 흔들리지 않아야 합니다. 제대로 살아가는 것은 단 한 번의 각오가 아니라, 매일 아침 반복되는 작고 단단한 다짐입니다. 그리고 그 다짐은 결국 삶의 방향이 됩니다.

오늘은 내가 나를 어떻게 대할지를 먼저 생각해 보아야 합니다. 사랑을 줄 때에도, 감정을 마주할 때도, 예상치 못한 상황 앞에 설 때에도 한 번 더 자신에게 물어보아야 합니다. "지금 나는, 나답게 살고 있는가." 그 질문 하나가 오늘을 어제와 다르게 만들고, 내일을 조금 더 내가 원하는 방향으로 이끌어갈 수 있습니다. 제대로 한번 살아보고 싶다면, 매일의 철학을 나 자신에게 선물해야 합니다.

그 작은 철학들이 쌓여 결국 당신의 인생이 됩니다.

어떤 하루를 살든
제대로 살아보고 싶다.

하루를 흘려보내는 건 쉽지만
마음에 남기는 건 어렵다.

오늘은
그 어려운 걸 해보고 싶다.

05. 걱정에 시달린다면

> 생각 버리기.
> 보이지 않는 허상에 내 에너지를 빼앗기지 않아야겠다.

아무 일도 일어나지 않았습니다. 그런데 벌써부터 일이 잘못될 것 같은 예감이 들지요? 아무 문제도 생기지 않았는데, 어느새 나 혼자 모든 경우의 수를 그려가며 마음을 소진하고 있지는 않나요? 눈앞에 닥친 현실보다 아직 오지 않은 상상이 더 무섭고, 지금 할 수 있는 일보다 지금 하지 못한 일에 더 자주 마음을 빼앗깁니다. 그래서 하루가 끝나기도 전에 이미 지쳐버리고 맙니다.

생각해 보면 걱정이라는 것은 대부분 실체가 없는 허상입니다. 눈에 보이지 않지만, 마음을 붙들고 늘어지며 온종일 불안하게 만들죠. 실제보다 훨씬 큰 그림자로 자라나 삶의 흐름을 방해합니다. 그런 걱정에 매번 휘둘린다면 인생은 늘 뒤로 끌려가는 느낌이 듭니다. 그래서 저는 '생각 버리기 습관'을 삶에 들이기로 했습니다. 무조건 긍정적으로 생각하겠다는 의미가 아니라, 지금 당장 바꿀 수 없는 일에 에너지를 쏟지 않겠다는 다짐입니다.

걱정이 올라올 때마다 스스로에게 묻습니다. 지금, 이 걱정은 내가 할 수 있는 일인가. 지금, 이 불안은 사실인가. 그것이 아니라면 잠시 그 생각을 내려놓아야 합니다. 모든 생각을 없앨 수는 없지만, 모든 생각을 따라가야 할 이유는 없습니다. 생각은 흘러가게 두고, 나는 나의 하루에 집중하는 연습이 필요합니다. 걱정은 우리를 보호하기 위한 마음의 작용이지만, 과도한 걱정은 결국 삶을 마르게 합니다. 실제로 일어날 가능성이 희박한 일에 하루의 기운을 다 써버리는 일은 인제 그만두어야 합니다. 삶은 늘 예측할 수 없는 방향으로 흘러가지요. 그 안에서 우리가 할 수 있는 일은 생각을 줄이는 것이 아니라 선택을 분명히 하는 것입니다. 걱정이 밀려오는 날일수록 마음의 여백을 지키기 위해 노력해 보면 어떨까요? 중요한 것은 생각을 줄이는 것이 아니라, 생각에 휘둘리지 않는 연습을 매일 조금씩 해나가는 일입니다.

오늘 하루, 내가 할 수 있는 일에만 집중하고, 할 수 없는 일은 잠시 놓아보세요. 그렇게 마음의 공간이 비워질 때, 삶은 다시 나에게 말을 걸어올 거에요.

"지금, 이 순간에만 충실해."라고.

그 문장 하나가, 걱정에 시달린 하루를 조금은 가볍게 만들어줍니다. 생각을 내려놓는 연습은 결국 나를 회복시키는 연습이라는 걸 꼭 기억하세요.

06. 아주 불편한 관계라면

> 이유를 정확히 설명할 수는 없는데요,

그런 관계를 마주할 때마다 마음 한구석이 조용히 일렁입니다. 이유를 정확히 설명할 수는 없는데요, 그 사람 앞에만 서면 불쾌하고, 방어적으로 되고, 말수도 줄어들어요. 언젠가부터는 그 사람의 태도보다, 그런 내 반응이 더 낯설고 불편해졌습니다. 그거 아시나요? 누군가의 말투 하나, 표정 하나에 지나치게 민감해지는 이유는 그 사람 때문이 아니라, 그 사람을 통해 내 안의 어떤 감정이 끌어올려졌기 때문일 수 있단 걸요.

융 심리학에서는 '그림자'라는 개념을 이야기합니다. 우리가 외면하고 억누르며 살아온 내면의 그림자 말이지요. 그런

그림자들이 타인을 통해 드러날 때, 우리는 그 사람을 유난히 싫어하고 불편하게 느낀다고 말합니다.

혹시 누군가의 이기적인 말투가 참을 수 없다고 느끼나요? 어쩌면 내 안에도 그런 이기적인 마음이 있었지만 애써 부정해 왔기 때문일 수 있습니다. 상대를 향한 불편함은 때로 내가 나를 온전히 받아들이지 못한 채 남겨둔 부분과 맞부딪칠 때 일어나니까요. 불편한 관계는 나를 괴롭히는 사건이 아니라, 나 자신을 더 깊이 이해하라는 신호일지도 모릅니다. 그럴 때 여러분은 어떻게 하시나요? 진정한 변화는 관계를 끊는 것이 아니에요. 불편한 관계 속에서 나 자신을 새롭게 발견해야만 해요. 나를 불편하게 만든 그 사람을 떠올릴 때, 이제는 다르게 묻고 싶습니다.

저 사람의 어떤 점이 나를 불편하게 했는가가 아니라, 그 사람 앞에서 나는 어떤 사람이 되어 있었는가. 그리고 나는 그 모습이 과연 나에게 낯설었는가. 관계는 단순히 나와 타인의 거리가 아니라, 나와 나 자신의 거리입니다. 아주 불편한 관계를 마주하는 순간은 결국 내가 나를 더 깊이 들여다볼 수 있는 기회입니다. 억지로 이해하려 하지 않아도 되고, 억지로 좋아하려 하지 않아도 돼요. 다만 그 불편함 너머에 있는 나의 감정을 놓치지 않아야 하지요. 진심을 잃지 않고, 포용의 크기를 넓혀가고자 한다면, 우리는 반드시 이 지점을 지나야 합니다.

아주 불편했던 그 사람이, 나를 더 따뜻하고 단단하게 만들어주는 기폭제였음을 나중에 깨닫게 될 거예요. 새로운 관계가 열리는 순간은 언제나 익숙한 감정의 끝에서 시작됩니다. 그러니 오늘 내가 불편하다고 느낀 감정이, 내일의 나를 성장시키는 문이 되어줄 거라는 것을 믿으세요.

07. 잠시 길을 잃었다면

> 뿌연 안개가 저절로 걷힐 때까지 자리에 머물기.
> 걷으려고 손을 휘젓는다고 걷히지 않는다.
> 시간이 지나면 다시 선명해진다.

누구나 삶의 어느 지점에서 길을 잃는다. 내가 어디쯤 와 있는지, 어디로 가야 하는지, 지금 제대로 가고 있는 게 맞는지도 모호해지는 순간…. 목표를 향해 걷고 있다고 믿었지만, 어느 날 문득 발걸음이 무의미하게 느껴지고, 분명히 알고 있었던 방향조차 갑자기 낯설게 느껴질 때도 있다. 그럴 때 사람은 본능적으로 어딘가로 움직이려 한다.

뿌연 안개 속에서 빨리 벗어나기 위해 안간힘을 쓰고, 손을 휘저으며 시야를 확보하려 한다. 그러나 그럴수록 시야는 더 흐려지고 마음은 더 조급해진다. 안개는 억지로 걷는다고 걷히지 않는다. 오히려 잠시 멈추어야 할 때가 있다. 자리에 그대로 머물러, 눈앞의 불확실함을 있는 그대로 받아들이는 연습이 필요하다.

지금 내가 길을 잃었다고 해서, 인생 전체가 엉망이 된 것은 아니다. 방향이 보이지 않는 시간은 누구에게나 찾아오며, 그 시간은 단절이 아니라 전환을 위한 준비일 수 있으니 말이다. 삶은 언제나 직선으로 흐르지 않는다는 걸 기억하자. 때로는 안개 속을 걷듯 어딘지 모를 길을 천천히 지나야만 다음 길이 열리니 말이다. 그 시간이 답답하고 막막하게 느껴질지라도, 결국 안개는 저절로 걷힌다.

시간은 묵묵히 흐르고, 어느 순간 나는 또렷한 풍경 속에 서 있을 것이다. 그러니 지금은 억지로 앞으로 나아가려 애쓰기보다, 내 안에 일어나는 감정들을 가만히 살펴야 할 때이다. 불안해도 괜찮다. 초조해도 괜찮다. 그것들을 억누르지 않고 그대로 바라볼 수 있다면, 그 안에서도 작은 길 하나가 열릴 것이다.

삶은 완벽한 확신 속에서가 아니라, 때로는 가장 불확실한 순간에 스스로를 발견하게 된다. 내가 나를 잃지 않고 있는 한, 방향은 반드시 다시 보이게 되어 있다. 지금 길을 잃었다고 느끼는 바로 이 시간이, 나를 더 단단하게 이끌어줄 테다. 그리고 나면 그때의 나는 지금의 이 안개 속을 그리워하게 될지도.

08. 노력했지만 잘 안된다면

> 1m를 더 파야는 시간

 아무리 노력해도 잘되지 않는 시기가 있죠? 내가 가진 모든 시간과 정성을 쏟아부었는데도 말입니다. 결과는 멀어 보이고, 주변의 누구보다 더 열심히 달려온 것 같은데, 나만 제자리인 듯한 기분. 그럴 때 사람은 어느 지점에서 고개를 숙이게 됩니다. 포기라는 말이 입술에 맴돌고, 지금까지의 모든 시간마저 무의미하게 느껴지지요.

 그럴 때마다 떠오르는 이야기가 하나 있습니다. 나폴레온 힐의 책에 나오는 '금광 1미터' 이야기입니다. 한 남자가 금맥을 찾아 땅을 파기 시작했습니다. 엄청난 장비와 자본을 들여

수개월을 파고 또 팠지만 금은 나오지 않았고, 결국 그는 좌절한 채 금광을 포기했죠. 그가 떠난 후, 또 다른 사람이 그 땅을 사들여 단 1미터를 더 팠을 때, 거짓말처럼 금맥이 터져 나왔습니다. 단 1미터였습니다. 모든 노력의 끝이라 믿었던 바로 그 지점 아래, 금은 숨어 있었습니다.

그때 이후로 저는 가끔 묻습니다. 나는 지금 어디쯤 왔는가, 지금의 고비가 어쩌면 그 1미터 앞은 아닐까. 노력해도 잘되지 않는다는 느낌은 어쩌면 끝이 아니라 '거의 다 왔다'라는 또 다른 신호일지도 모른다면서 스스로 되뇝니다. 인생의 결실은 때때로 마지막 한 번의 시도, 단 한 번의 인내에 달려 있습니다. 수없이 무너졌던 마음이 단 한 번의 용기로 다시 일어서는 순간, 모든 방향이 다시 바뀌는 날도 경험했습니다. 그렇기에 결과가 없다고 해서 모든 걸 부정할 필요는 없더라고요.

지금까지 해온 길이 무의미했던 게 아니라, 어쩌면 아직 1미터가 남아 있는 것일 뿐이니까요. 포기하고 싶어질수록, 한 번 더 마음을 다잡아 보는 건 어떠신가요? 우리 인생의 많은 전환점은 사실 가장 지쳤던 순간에, 가장 바닥이라고 느꼈던 시간에, 아주 작고 조용히 다가오곤 했으니까요. 노력했지만 잘되지 않는 지금, 당신은 끝에 가까워졌다는 증거를 마주하고 있는지도 몰라요.

그 1미터가 어쩌면 오늘일 수도 있어요. 지금 이 순간일 수 있어요. 그렇다면, 여러분은 오늘 하루를 어떻게 채우시겠어요?

09. 위로 받고 싶지 않다면

> 타인의 의견이 듣고 싶지 않다는 뜻.
> 고요한 나만의 시간을 가져야 할 때.
> 내 영혼의 소리가 들릴 때까지 충분히.

사실 지금은 어떤 의견도 듣고 싶지 않다는 뜻일지도 모릅니다. 위로라는 이름으로 건네지는 말조차 마음에 부담이 될 때가 있잖아요. 아무리 따뜻한 조언이라도 들을 준비가 되지 않았을 땐 그저 소음처럼 느껴질 수 있어요.

우리는 모두 그런 순간을 겪습니다. 누군가의 말보다 차라리 아무 말 없는 침묵이 더 위로되는 시간, 그저 곁에 있어 주기만을 바라는 시간. 위로받고 싶지 않다는 건 반드시 마음을 닫았다는 뜻은 아닙니다. 오히려 그만큼 고요한 내면의 공간이 필요하다는 신호일 수 있지요. 이때는 타인의 말보다 내 숨소리에 집중해 보시기를 권합니다. 고요한 나만의 시간을 통해, 소란스러운 외부의 목소리가 아닌 내면의 진짜 소리에 귀를 기울이는 것이지요. 생각이라는 사고가 멈추었을 때 비로소 들리는 소리가 있습니다.

그 소리는 아주 작고, 아주 느리고, 누구도 대신 들어줄 수 없는 내 안의 울림입니다. 마음이 산란할수록 더 큰 침묵이 필요하죠. 진짜 회복은 말이 아닌 무언의 시간 속에서 자랍니다. 그래서 때로는 애써 위로하지 않아도 괜찮습니다. 그 사람에게 필요한 건 위로가 아니라, 스스로를 바라볼 수 있는 조용한 시간일 수 있기 때문입니다.

그리고 그 시간은 우리 모두에게도 필요합니다. 사고가 멈추는 경험은 두려운 일이 아니에요. 회복으로 가는 문일 뿐이에요. 내면의 목소리에 더 가까이 다가가는 가장 정직한 방법입니다. 지금 말이 나오지 않는다면 억지로 말하려 애쓰지 않아도 됩니다.

지금 아무것도 하고 싶지 않다면 그대로 있어도 좋고요. 마음이 스스로를 회복할 때까지, 영혼의 소리가 내 귀에 닿을 때까지, 고요하게 기다리면 되요. 그 기다림이 나를 다시 일으켜줘요. 그러니 오늘은 아무 말 없는 하루를 살아도 괜찮습니다.

more self love

리 아이를

고 분이서갚아

이 실종되었匸

열딘
표정
기록

"이늗

"아, 저

섰어요."

"안녕하세

윤은 남성에

"안녕하세요. 애

기록을 향해 고개를 들었

"기록아, 나한테 했던 이야기를 경찰 아저씨한

니?"

~기'는 나
아직 나만

2장 책

가슴 깊은 곳에서 울리는

소리를 따라갈 때

나는 비로소 나에게 닿는다.

10. 후회가 쌓인다면

> 과거의 경험을 재정의하며 기록해야 하는 시간

일찍 일어나야 했는데

책 좀 더 읽을 걸

오늘도 운동 못 했다

쓸데없는 시간 너무 보냈다

계획만 세우고 실행 못 했다

또 핑계 댔다

공부 미뤘다

가족한테 소홀했다

비교하지 말 걸

나 자신을 너무 몰아붙였다

말하지 말아야 했는데

해야 했을 때 하지 않았던 선택, 멈춰야 했을 때 계속 밀어붙였던 고집, 아니라고 느끼면서도 그 자리를 떠나지 못했던 망설임, 조금 더 용기 냈으면 달라졌을지도 모른다는 아쉬움, 누군가를 떠나보내기 전 조금만 더 안아줄 걸 그랬다는 마음, 후회 조각들이 마음 한쪽에 차곡차곡 쌓이면서 우리는 후회를 느낍니다. 그때는 그것이 최선이라고 믿었는데, 시간이 지나 되돌아보면 어쩐지 더 나은 길이 있었던 것만 같습니다. 더 따뜻한 말 한마디를 할 수 있었던 것 같은데, 더 정직할 수 있었던 것 같은데 자꾸 그 순간들이 떠오릅니다.

후회는 바꾸려는 의지가 아니라, 돌아보는 태도에서 시작됩니다. 삶은 언제나 완벽할 수 없기에, 후회가 전혀 없는 사람은 없지요. 후회를 외면하지 않고 마주해보면 어떨까요? 쌓여 버린 후회를 안고 살아가는 것보다, 그것을 다시 꺼내어 나만의 언어로 기록해 보는 것이지요. 쓰는 행위는 그때의 감정을 다시 들여다보는 일이자, 내 과거의 경험을 새롭게 재정의하는 과정이니까요. 후회가 가슴에 남아 날카롭게 흔들릴 때, 그것을 말이 아닌 글로 옮겨보는 것입니다. 말은 흩어져 휘발되지만, 글은 오래도록 남습니다. 글로 남긴 후회는 단순한 아픔이 아니라, 다시는 같은 실수를 반복하지 않기 위한 다짐으로 바뀔 수도 있겠습니다. 그렇게 방향을 달리 바꿔보는 거예요. 과거는 바꿀 수 없지만, 그 의미는 언제든 다시 쓸 수 있을 테니까.

지금 후회가 쌓이고 있나요? 그것은 기록이 필요하다는 조용한 신호인지도 몰라요. 써야 할 후회는, 써야만 비로소 멀어지기 시작합니다.

11. 열심히 할수록 공허해진다면

> 문득 마음속이 텅 빈 것처럼 느껴질 때가 있거든.
> 웃고 있는데 웃는 게 아니고,
> 누군가 옆에 있어도 이상하게 외롭고.

 공허하다는 건 참 이상한 감정이야. 겉으로는 괜찮은 것 같고, 해야 할 일도 하고 있고, 누가 봐도 열심히 살아가고 있는데, 문득 마음속이 텅 빈 것처럼 느껴질 때가 있거든.

 웃고 있는데 웃는 게 아니고, 누군가 옆에 있어도 이상하게 외롭고, 뭔가를 이루었는데도 하나도 기쁘지 않을 때. 그게 바로 공허야. 겉으론 꽉 차 있어 보이는데, 속은 텅 빈 느낌.

 그런데 가만히 생각해 보면, 공허는 실패했을 때 오는 게 아니야. 오히려 무언가를 이룬 뒤, 쉼 없이 달린 뒤, 아주 치열하게 살아낸 어느 날 조용히 찾아오는 감정이야. 그래서 더 당황스럽고, 더 슬퍼. 열심히 했는데 왜 이런 마음이 드는지 자신도 잘 모르겠고, 그래서 더 자책하게 되거든.

근데 말이야, 그건 네가 잘못해서가 아니야. 그냥 너무 앞만 보고 달렸던 거야. 마음이 따라오지 못할 만큼 빠르게. 그럴 땐 억지로 뭐가 하려고 하지 말고, 잠깐 멈춰도 돼. 아무것도 하지 않아도 괜찮아.

그 빈 마음을 그냥 느끼게 두는 거, 그게 지금 네가 해줄 수 있는 가장 잘하는 일이야.

12. 지치고 불안하다면

> 목적과 목표를 재점검하며
> 가지치기를 하고 명확히 봐야 할 시간

2년 전.

요즘 자꾸 지치고 불안하다. 잠도 잤고, 할 일도 했고, 특별히 큰 문제가 있었던 것도 아닌데, 이상하게 마음이 가라앉는다. 가슴 한쪽이 답답하고, 머릿속이 멍한 날이 많아졌다. 아무것도 안 하고 있는데도 피곤하고, 쉬고 나서도 개운하지 않다.

그럴 때면 자꾸 더 열심히 해야 할 것 같아진다. 뭐라도 해야 이 마음이 나아질 것 같고, 한 발이라도 움직이지 않으면 뒤처질 것 같은 불안. 그런데 이상하게도 열심히 하면 할수록 더 무기력해진다. 에너지를 쏟아낸 만큼 채워지지 않고, 오히려 더 공허해지는 느낌.

내가 뭘 위해 이렇게 애쓰고 있는지 갑자기 눈물이 난다. 울컥도 한다. 스스로에게 물어본 적이 있었나 싶다. 목적 없이 목표만 따라가다 보니, 점점 방향이 흐려진 것 같다. 이게 내가 원했던 삶인지, 아니면 그냥 익숙해서 계속하고 있는 건지조차 잘 모르겠다.

잠깐 멈춰서 정리해 본다. 지금 붙잡고 있는 일 중 정말 내가 원하는 게 몇 개나 되는지. 누구에게 보이기 위해 안간힘 쓰고 있는 건 아닌지. 욕심처럼 안고 있는 것들 사이에서 내 마음은 점점 얇아지고 있었다.

덜어낼 건 덜어내야 한다. 내가 향하고자 하는 방향이 흐려졌다면, 쥐고 있는 걸 내려놓고 다시 바라봐야 한다. 단순히 열심히 하는 게 아니라, 제대로 가고 있는지를 봐야 한다. 그래야 이 막막한 에너지의 소모에서 벗어날 수 있을 것 같다.

이 상태로는 오래 버티지 못한다는 걸 안다. 흐릿한 걸음은 결국 무너진다. 그러니 지금은 잠깐이라도 더 명확히 보는 쪽을 선택하겠다. 자신을 피하지 않고, 다시 묻고, 다시 정리하고, 다시 나아갈 나를 위해. 진심으로 나를 위해.

13. 시절 인연이라면

> 자연스럽게 가는 인연과 오는 인연을 구별해야 하는 시간,
> 슬퍼하지도 아쉬워하지도 말자.
> 네가 변했고, 내가 변했다고 자책하지도 말자.

"우리 끝까지 함께 가요~!"

모든 인연이 영원할 수는 없다. 어떤 인연은 계절처럼 스치고, 어떤 인연은 나무처럼 곁에 머문다. 처음에는 다 소중하다 느끼고, 영원할 것만 같지만, 시간이 흐르면 달라지는 건 피할 수 없더라. 함께 웃던 사람이 멀어지고, 가까웠던 관계가 서서히 낯설어지는 순간이 온다. 그럴 땐 마음이 서운하고, 내가 뭔가 잘못한 건 아닌지 자책하게 된다. 하지만 시절 인연이라는 말이 있다. 그 시기, 그 시간, 그 환경 안에서 의미 있었던 인연. 그 시

간이 끝났다고 해서, 인연까지 부정할 필요는 없다. 나에게 어떤 의미였는지는 그대로 남아 있는 것이니까. 변해버린 건 어쩌면 자연스러운 일이다. 사람은 자라고, 환경은 바뀌고, 마음도 이동한다. 그것은 잘못이 아니라 삶이다. 그러니 자연스럽게 멀어지는 인연을 억지로 붙잡지 않아도 된다. 자연스럽게 흘러가도록 두는 것이 가장 편안하고 아름답더라. 관계에도 방향이 있고, 속도가 있다는 것을 배웠다. 억지로 끌고 가면 결국 나도 지치고, 상대도 버거워진다는 것을 이제는 알아버렸다. 그냥 흘러가는 것을 바라보는 연습이 필요하다.

한 가지 분명한 건 있다. 함께할지 떠나보낼지를 고민할 때는 말보다 태도를 봐야 한다는 것. 말은 누구나 할 수 있지만, 태도는 거짓말을 하지 않는다. 오래된 습관처럼 이어지는 상대의 태도, 그것이 내 마음을 지치게 하거나 외롭게 만든다면, 아무리 좋은 말도 소용없다. 반대로 그 사람의 말보다 태도에 믿음이 간다면, 그건 붙잡아도 되는 인연일지 모른다. 내가 변했다고, 마음이 달라졌다고 스스로를 탓하지 말자. 우리가 자라온 만큼 관계도 자라는 법이다. 어떤 인연은 함께 자랄 테고, 어떤 인연은 멈춘 자리에서 끝나기도 할 테지. 관계가 끝난 게 아니라, 시간의 역할이 거기까지였음을 인정하자.

떠나간 인연 앞에서 괜히 슬퍼하지 말자는 얘기. 흐름이 멀어지는 걸 받아들이는 것도 삶의 일부다. 한곳에 너무 오래 머물러 있으면, 새로운 인연이 들어올 자리를 만들 수 없다. 자연스럽게 오는 인연을 또 기대하자. 억지로 만든 게 아닌데도 따뜻하고, 설명하지 않아도 편안한 관계가 있다. 지금 떠나가는 인연을 억지로 붙잡지 말고, 떠나보내야 할 때는 떠나보내자. 놓치고 싶지 않은 사람은 태도로 남는다. 그건 절대 헷갈리지 않는다.

14. 이제 그만두고 싶다면

> 최선을 다했지만 성과없는 결과에 지쳐가기 시작한다면
> 결과 없는 열심들이 지쳐서가 아닐까.

애썼어.

잘 버텼어.

정말 최선을 다했구나.

참 잘했어.

그 누구도 알아주지 않아도, 너만은 알고 있을 거야. 그동안 보내온 시간이 얼마나 조용하고 단단했는지, 몇 번이나 포기하고 싶었는지를. 그래서 지금 이렇게 생각하는 거지. "인제 그만두고 싶다." 무언가를 완전히 놓고 싶어질 때는, 몸보다 마음이

먼저 지쳐 있다는 뜻이라는 거 알고 있어?

성과 없는 시간이 아니라, 의미 없는 반복이 너를 소진시켰을지도 몰라. 무언가를 계속하고 있지만, 정작 그 일이 내 삶에 어떤 의미인지 묻지 못한 채 그저 오늘도, 내일도, 습관처럼 이어가고 있는 건 아닌지. 지금은 멈춰야 할 때야. 도망치듯 그만두라는 말이 아니야. 한 번쯤은 멈춰 서서 스스로에게 물어봐야 해.

"나는 이 일을 왜 시작했을까.

지금도 그 이유가 여전히 살아 있나."

"내가 추구하는 가치는 지금 여기에

 담겨 있나."

그만두고 싶은 마음은 실패의 징후가 아니라, 내면이 보내는 요청이지. 단지 지금 이 방식, 이 속도, 이 구조가 나에게 맞지 않는다는 신호일 수도 있어. 어떻게든 계속하는 것보다, 스스로에게 정직해지는 일이 더 중요할 때가 있단 얘기야. 선택 또한 너 스스로가 정할 수 있다는 자유로움이 좀 더 마음의 짐을 가볍게 해주지 않아? 계속할 수도 있고, 내려놓을 수도 있다는.

지금은 선택의 순간이야. 선택이 가벼운 감정이 아니라, 깊이 있는 점검 끝에 나온 결정이라면 어떤 방향이든 그것은 더 나은 삶을 향한 걸음이 될 수 있어. 그러니 지금은 묻는 시간이 필요해. 무엇을 위해, 누구를 위해, 나는 지금 이 길을 걷고 있는가. 그 질문 앞에 끝까지 서본 사람만이, 다음을 다르게 선택할 수 있어. 나야 위로해 주고 싶지. 그러나 토닥임보다 방향을 다시 잡는 시간을 너 스스로가 가질 수 있도록 도와주고 싶어. 단단히 일으켜 세우는 시간, 지금 너에게 필요한 건 그거야.

15. 어두운 터널을 통과하고 있다면

> 보인다고 그게 전부가 아닌 것처럼
> 안 보인다고 없는 건 아니야.

터널을 지날 때는 빛이 보이지 않습니다. 하지만 끝이 있다는 걸 아니까 우리는 계속 앞으로 나아가는 것이지요. 가만히 눈을 감고 깜깜한 터널을 상상해 보세요. 터널을 걸을 때는 시야가 막히고, 방향도 거리도 감도 오지 않지요. 처음엔 괜찮았지만, 시간이 길어질수록 점점 지치고 불안해집니다.

혹시 길을 잘못 든 건 아닐까, 이 어둠이 끝나긴 하는 걸까, 나만 이렇게 남겨진 건 아닐까. 그런데 여러분들도 모두 알다시피 터널의 구조는 그렇습니다. 길고 어두워도 반드시 끝이 있다. 안 보인다고 없는 게 아니고, 그저 아직 닿지 않았을 뿐입니다. 문제는 그 사실을 잊고 어둠 속에서 스스로를 의심하게 된다는 데 있습니다. 방향이 잘못된 게 아니라, 그냥 지금은 보이지 않는 시간일 뿐이라는 것이지요. 그럴 땐 눈앞의 빛보다 처음 이 길을 선택했던 이유를 기억해 보시면 좋습니다.

아무것도 보이지 않아도, 빛이 있다는 걸 아는 마음으로 포기하지 않고 끝까지 걷는 것. 그것이 터널을 통과하는 아주 간단한 방식입니다. 저도 지금 어두운 터널을 지나고 있는 걸지도 모르겠습니다. 하지만 답이 없다고 느껴지고, 다 포기하고 싶어질 때마다 이 사실을 떠올립니다. 아직은 닿지 않았을 뿐이다.

어둠이 길어질수록 마음이 무뎌지고, 무뎌지면 멈추고 싶어지지만, 결국 그 어둠을 걷는 시간도 나를 조금씩 빛 쪽으로 이끌고 있을 것이다. 라고 말입니다. 모든 터널은 걸어야 끝이 보입니다. 그러니 중요한 건 멈추지 않는 것이겠지요. 빛이 나를 향해 오지 않는다면, 내가 한 걸음 더 걸어가면 됩니다. 그 마음으로, 오늘을 또 한 걸음 살아내 봅시다.

16. 방법을 몰라 어려워하고 있다면

> 그냥 해보기.

1. 모른다고 솔직하게 말하기
2. 유튜브 검색해 보기
3. 잘하는 사람 따라 해보기
4. 작게 시작해 보기
5. 노트에 적어보기
6. '왜'보다는 '어떻게'를 먼저 생각해 보기
7. 다른 사람 응원해 보기
8. 완벽주의 내려놓기
9. 웃으면서 버텨보기

10. 쓸데없는 비교 그만하기

11. 시간표 짜보기

12 '몰라도 괜찮아.'라고 말해보기

낯설다고 멈추지 말고, 그냥 해보세요~!

마흔이 넘어도 모르는 건 여전히 많다.

우리는 매일 배우고,

그만큼 조금씩 성장한다.

그러니 모르는 게 있어도 괜찮다.

그게 살아가는 일이고, 당연한 일이다.

17. 누군가 당신에게 행복하냐고 묻는다면

> 너무 추상적이고 식상한 이 질문을 여러분은 무어라고 답하시겠습니까.
> "여러분은 행복한가요?"

행복하냐는 질문을 받을 때마다 잠시 멈칫하게 됩니다. 예전엔 그랬습니다. 질문 앞에서 망설이고, 내 삶을 괜히 다시 돌아보게 되곤 했습니다.

정말 나는 행복한가, 이게 내가 원하던 삶인가, 행복하다면서 내 표정은 왜 이러지? 그런 자문이 마음 깊은 곳에서 올라오곤 했습니다. 하지만 지금은 다릅니다. 이제는 자신 있게 대답할 수 있습니다. "행복합니다." 그 대답이 거창한 이유에서 나오는 건 아닙니다.

행복은 누가 주는 것이 아니라, 내가 선택하는 것이기 때문입니다. 누군가가 내 삶을 채워주기를 기다리는 것이 아니라, 오늘 내가 어떤 마음으로 살아내느냐가 결국 나의 감정과 삶의 결을 바꾸는 것이란 걸 알게 되었습니다. 지금, 이 순간에 집중하고, 사소한 기쁨을 알아차릴 수 있는 여유를 가지는 것, 그것이 내가 선택한 행복의 방식입니다.

누군가 내게 다시 묻는다면 주저하지 않을 겁니다. 나는 오늘도 내 삶을 사랑하려 애쓰고 있고, 그 마음이 나를 웃게 만듭니다. 여러분은 어떤가요?

"행복이란, 먼 데 있는 것이 아니라
아주 작은 것을 사랑할 수 있는 마음이다."
정현종, 시 「행복」 중에서

18. 이유없이 깊은 슬픔이 찾아온다면

> 이유 없이 오는 것들에 대하여.

이유 없이 화가 나고 답답하다면,
이유 없이 불안하고 초조하다면,
이유 없이 무기력해지고 있다면,
이유 없이 깊은 슬픔이 찾아온다면....

이유를 찾고 찾다 나의 어린 모습들을 돌아보게 되었습니다. 그 슬픔은 오래도록 경험해 왔던 익숙한 감정과 에너지들이었습니다. 아주 어릴 적부터 청소년기를 지나 성인이 되어서까지 오래도록 품어왔던 감정들. 모두 퍼내었다고 생각했는데도 한 번씩 이렇게 이유 없는 슬픔으로 찾아와 가슴 깊은 그곳을 쿡쿡 찔러대고는 하네요. 하지만 저는 그 슬픔의 원인을 찾은 이후로 슬픔이라는 감정을 허용하지 않습니다.

　물론 부정하는 것은 아닙니다. 인정은 하되 그렇다고 내 머리 위에 슬픔이라는 둥지를 틀게 하지 않는다는 이야기입니다. 그저 조용히 지켜볼 때가 있습니다. 감정을 이해해 주고 인정해 줍니다. 단지 '슬픔'이라는 이름을 붙여주지 않을 뿐입니다. 그러고 나니 신기하게도 주기적으로 찾아오던 '슬픔'이 언제부턴가 찾아오지 않습니다. 슬픔이라는 감정에 이름을 붙이지 않고, 굳이 해석하거나 의미를 부여하지 않고, 그저 조용히 바라보는 시간. 그 시간 속에서 저는 조금씩 깨달았습니다. 감정은 억누를수록 뿌리를 내리고, 들어오기를 허용할수록 나를 지배한다는 것을요.

　감정은 내 것이지만, 내가 될 필요는 없습니다. 흐르게 두면 됩니다. 흘러가게 허락하면, 감정은 언젠가 자리를 비웁니다. 그렇게 저는 슬픔과의 불필요한 대화를 멈추고, 그저 멀찍이서 바라보게 되었습니다. 어쩌면 감정을 바꾸려 한 게 아니라, 감정 앞에서 나의 태도를 훈련해 온 시간이었는지도 모릅니다. 여러분은 요즘 마음 안에서 어떤 감정과 거리를 두고 계신가요? 그리고 그 감정 앞에서, 어떤 태도를 선택하고 계신가요?

19. 갑자기 사는 것이 억울해진다면

> 나로 살아가는 게 억울한 적이 있을까.

한 남자와 결혼해 아이를 낳고 키우며 살아온 오랜 시간 동안 그런 생각을 수없이 했다. 왜 나만 참아야 하지, 왜 나만 이렇게 힘들어야 하지, 그는 저렇게 편하게 사는데 나는 왜 이렇게 모든 걸 짊어지고 살아야 하지. 억울했다. 말로 다 담기지 않을 만큼 억울했다. 눈물이 왈칵 쏟아지고 하루 종일 노려보고 있어도 풀리지 않을 만큼 억울했다.

도무지 어디에 하소연 할 수도 없는 그 억울함을 안고 살다가 어느 날 신에게 묻듯 울부짖었다. 신은 이렇게 말했다. 이것은 그와 너의 문제가 아니라, 너와 나 사이의 문제다. 너는 네가 할 수 있는 최선을 다하면 된다. 심지어 그 말조차 너무 억울했다. 왜 늘 나만 최선을 다해야 하나, 왜 내 몫만큼 살아도 힘에 부치고 억울해야 하나. 그렇게 묵묵히 살아내는 날들이 쌓여갔다.

나를 설명하려 하지 않았다. 이해받으려 애쓰지 않았다. 그저 하루하루를 감당하는 데 집중했던 시간. 누군가는 평범하다고 여길 그 일상이, 나에겐 매일이 도전이었고 집요한 전쟁이었다. 아이를 키우며 단 한 순간도 내 감정에 충실할 수 없었던 시간, 고단함을 말할 용기조차 없던 순간들이 반복되며 나는 조금씩 내 안에서 해결하는 법을 스스로 배우고 연습해야 했다. 아주 긴 시간이 지나고 나서야 알게 되었다. 억울하다고 여겼던 모든 수고와 인내의 시간이 결국 나를 단단하게 빚어주었고, 나에게 가장 큰 선물로 돌아왔다는 것을.

억울하다 느꼈던 그 모든 순간이, 나를 증명하려 애쓴 날들이 아니라 나를 지켜내려 버텼던 시간이었음을 깨달았을 때, 나는 조금씩 억울함에서 자유로워졌다. 결국 억울함이 나를 무너뜨리지 못했던 이유는, 그 감정 속에서도 나는 나를 놓지 않았기 때문이다. 내가 선택한 삶을 버리지 않았기 때문이다. 그렇게 나는 버티는 대신 살아내는 법을 배워왔고, 설명 대신 침묵을 택하는 법도 알게 되었다. 억울하다고 생각됐던 모든 시간은 절대 헛되지 않았다. 억울함을 지나온 사람이라면 알 것이다. 가장 큰 힘은 억울함을 견디는 용기가 아니라, 그 안에서 나를 잃지 않는 다짐이라는 것을.

여러분은 나로 살아가는 게 억울했던 적이 있었나요?

20. 정작 내 자신은 돌보지 않았다면

> 나의 것이 차고 넘쳐흘러 가도록.
> 나의 우물을 채우고 그것이 흘러 이웃에게 가도록.
> 고로쇠나무 : 자신에게 남아도는 물만 내준다.

　물은 낮은 곳으로 흐르고, 넘치는 만큼 흘러갑니다. 나무도 마찬가지입니다. 고로쇠나무는 자기 안에 물이 충분히 찼을 때, 그제야 단풍 진 껍질 사이로 수액을 흘려보냅니다. 결코 자신이 마를 정도로 내어주지 않습니다. 마찬가지로 충분히 채우고 나서야, 넘치는 그것을 세상에 나누는 것입니다.

　가끔 누군가를 돕고, 좋은 일을 하고, 무엇인가를 끊임없이 베푸는 사람 중에도 속이 텅 비어버린 사람들을 봅니다. 저희 엄마가 그랬습니다. 사랑한다고, 돕고 싶다고, 좋은 사람이 되고 싶다고 말하면서 정작 본인과 자신의 가족이 쓸 모든 것들을 이웃에게 퍼다 나르곤 했지요. 우리 안의 우물은 메마른 채였던 적이 많았는데 말입니다.

우리도 종종 그렇지 않습니까? 아이를 위해, 가족을 위해, 공동체를 위해 힘껏 달리다 보면 나 자신을 돌보는 일은 늘 마지막 순서가 되곤 합니다. 괜찮은 줄 알았고, 버틸 수 있을 줄 알았습니다. 하지만 결국 바닥난 우물은 아무도 적실 수 없다는 걸 깨닫는 데 그리 오랜 시간이 걸리지 않습니다.

가수 션은 자신과 가족의 우물이 차고 넘쳐흐를 때, 그 사랑이 이웃에게 흘러가야 한다고 말했습니다. 얼마나 멋진 말인지 모릅니다. 내 안의 우물을 먼저 돌보고, 가족 안에 사랑이 넘치게 하고, 그 사랑이 넘쳐 이웃에게 흘러가게 하라는 말. 그 말 앞에서 나는 자주 멈춰 섰습니다.

나는 지금 누구의 우물을 먼저 채우고 있는가. 내 우물은 고갈된 채 버티고 있지는 않은가. 내가 나를 먼저 돌보는 것이, 가장 이기적인 일이 아니라 가장 지혜로운 일임을 이제야 알겠습니다. 모두에게 친절하면서도 정작 자신에게는 단 한 번도 따뜻하지 않았던 마음들. 누군가를 위로하면서도 자신에게는 쉼 한 번 허락하지 못했던 날들. 이제는 멈추고 물어야 할 시간입니다. 나는 괜찮은가. 나는 충분히 채워지고 있는가.

그래야 비로소 넘칠 수 있습니다.

여러분은 오늘, 누구의 우물을 먼저 채우고 있나요? 지금 가장 먼저 적셔야 할 마음은, 혹시 바로 '당신 자신'이 아닐까요?

21. 행복한 지 너무 오래됐다 여겨진다면

> 행복했던 때가 언제였나요?

행복한지 너무 오래됐다 여겨지는 이유 9가지

1. 감정을 느낄 여유 없이 바쁘게 살아서
2. 비교 습관으로 자신의 삶이 초라해 보여서
3. 성공이나 성과만이 행복의 기준이 되어 있어서
4. 누군가를 돌보느라 자신을 돌보지 못해서
5. 지나온 시간에 만족하지 못해서
6. 무의식적으로 늘 부족하다고 느껴서
7. 감정 표현을 억누르고 참고 살아서

8. 작은 기쁨에 무뎌져서

9. 오랫동안 진짜 원하는 삶과 멀어져서

다시 행복을 회복하는 방법 9가지

1. 하루 5분, 감정 일기를 써보기
2. 비교를 멈추고 내 삶의 속도를 정하기
3. 결과보다 과정에 집중하기
4. 나를 돌보는 습관 만들기
5. 내가 이미 이룬 것들 리스트에 적어보기
6. '지금 충분하다'라는 말을 하루 한 번 이상 하기
7. 감정을 억누르지 말고, 인정해 주기
8. 사소한 기쁨을 의식적으로 찾아보기
9. 다시 나답게 살기 위한 작은 목표를 세우기

행복이란 건 원래 거창하지 않아요. 늘 그 자리에 있었지만, 우리가 너무 바빠서 스쳐 지나온 감정일 수도 있죠. 자꾸 멀어진 것처럼 느껴질 땐, 지금 이 자리에서 다시 나를 껴안아 주는 연습부터 해보세요. 지금 가장 먼저 적셔야 할 마음은, 혹시 바로 '당신 자신'이 아닐까요?

22. 이제 정말 내게 쉼이 필요하다면

> 끝까지 살아남기 위한 생존 기술

쉼은 감정이 예민한 사람들의 사치가 아니다. 잠깐 멈추는 건 나약해서가 아니라, 살아남기 위한 생존 기술이다. 매일을 견디는 사람들일수록 쉼은 더욱 절실하다. 너무 많은 책임을 떠안고, 해도 해도 끝나지 않는 일과 관계 속에 갇혀 있다 보면, 언젠가부터 감정의 감도가 무뎌지고, 생각보다 몸이 먼저 반응하기 시작한다.

피로, 짜증, 두통, 이유 없는 무기력. 그런 신호들이 들리기 시작했다면, 더 늦기 전에 멈춰야 한다. 김창옥 교수는 말했다. "쉼은 게으름이 아니라, 자신을 지키는 실력입니다." 쉼은 선택이 아니다. 스스로를 지켜내는 방식이다. 우리는 살아가기 위해 일하고, 사람을 만나고, 애쓰는 중이다. 그런데 정작 '살아 있기 위한 기술'인 쉼을 배우지 못한 채 자란 사람도 많다.

열심히 살아야 한다는 압박 속에서 쉬는 법을 잊은 채, 멈추면 안 되는 사람처럼 버텨온 것이다. 그 결과 몸이 보내는 신호는 점점 더 분명해진다. 감정은 제때 돌보지 않으면 마음을 병들게 한다. 버틴다는 이유만으로 계속 앞으로 나아갈 수 있는 것도 아니다. 쉼은 멋진 여행이 아니라 일상의 작은 단절이다.

나를 위해 조용히 끊어내는 10분, 누워 있는 시간, 핸드폰을 내려놓는 용기, 사소한 선택들이 나를 살린다. 버티는 것만이 능력이 아니다. 무너지지 않기 위해 나를 관리하는 힘, 그게 진짜 성숙이고 진짜 용기다. 그러니 오늘 하루, 잠깐의 멈춤이 필요하다면 자신 있게 이렇게 말해도 된다.

"나는 지금 쉬는 중입니다. 끝까지 가기 위해."

23. 사는 것이 점점 재미 없어진다면

> 삶은 나에게 다시 묻는다.
> 정말 이대로 괜찮냐고.

사는 것이 재미없어지는 이유 7가지

1. 하루가 복사 붙여넣기 같아서
2. 해야 할 일만 있고, 하고 싶은 일이 없어서
3. 감정 소비만 많고 감정 회복은 없어서
4. '재미'에 죄책감을 느껴서
5. 자극에 무뎌진 상태라서
6. 자신의 욕구보다 타인의 기대에 따라 살아서
7. 그냥 너무 오래 지쳐 있었기 때문에

그럴 때 이렇게 해보세요.

1. 루틴에 작은 변화 주기.

(출근길을 바꿔보거나, 점심시간에 산책하기)

2. 내가 하고 싶은 일 15분만 넣어보기

(완벽하지 않아도 괜찮다)

3. 감정 에너지를 지키는 '혼자만의 시간' 확보하기

4. '즐거움'에 이유 붙이지 않기

(유익하지 않아도 괜찮다.)

5. 하루 미디어 소비 시간 30분만 줄여보기

6. 내가 뭘 좋아했는지 다시 적어보기

7. 그냥 인정하기, 지금은 조금 재미없을 수도 있다.

사는 게 재미없다는 건, 삶이 잘못된 게 아니라 마음이 잠시 지쳐 있다는 신호일 뿐입니다. 재미는 특별한 일이 있어야 생기는 감정이 아니라, 작은 일상에서 내가 나를 느낄 때 자연스레 피어나지요. 억지로 웃으려 하지 말고, 잠시 멈추어 내 마음을 다시 살펴보세요. 무뎌진 감정은 새로운 감각을 찾는 연습으로 조금씩 깨어납니다. 중요한 건 지금 내가 서 있는 자리에서, 다시 재미를 허락하는 일입니다. "그래, 이 순간도 나쁘지 않아." 그 한마디로 삶은 다시 살아나기 시작한다는 것을 기억하세요.

Chapter Three

그래서, 힘겨움에 무너지지 않으려면

01. 무너지는 때

> 나 자신을 잃어버렸을 때.
> 어느 날 문득 자기 모습이 낯설게 느껴질 때.
> 당황스럽다. 울적하다. 불안하고 초조하다.

40대 남성이 무너지는 때

회사에서 인정받지 못한다고 느낄 때

경력의 정체기 또는 퇴직 압박을 받을 때

경제적 책임을 감당하기 벅찰 때

몸의 변화로 체력과 활력이 떨어졌다고 느낄 때

가족과의 관계가 멀어졌다고 느낄 때

혼자라는 감정이 밀려올 때

이제는 꿈이 없다는 사실을 깨달을 때

아내에게 가장으로서 무력하게 느껴질 때

젊은 세대와의 격차를 체감하며 소외감 느낄 때

무엇을 위해 살아왔는지 회의감이 밀려올 때

40대 여성이 무너지는 때

자녀가 커가며 '엄마'의 역할이 희미해질 때

경단녀로서 사회 복귀가 두렵고 막막할 때

남편과의 관계에서 외로움을 느낄 때

삶에 나만의 이름이 사라졌다고 느낄 때

가정, 부모, 자녀 사이에서 '나' 감정이 무시될 때

갱년기 증상으로 감정 기복이 심해질 때

지금까지의 선택이 후회로 느껴질 때

무언가를 하고 싶은데 뭘 해야 할지 모를 때

경제적 독립이 없거나 줄어 자존감이 무너질 때

마음 놓고 속이야기 나눌 사람 없다고 느낄 때

50대 남성이 무너지는 때

회사에서 퇴직 통보를 받을 때

가정에서 자신의 자리가 애매해졌다고 느낄 때

아이들이 독립하며 '아버지 역할'이 흐려질 때

배우자와의 대화가 단절되어 있다고 느낄 때

젊은 세대에게 자리 내줘야는 현실을 마주할 때
친구들과 관계가 점점 끊겨 외로움이 밀려올 때
아무도 자신에게 기대지 않는다고 느낄 때
과거, 후회와 현재, 무기력이 동시에 밀려올 때
건강에 이상이 생기며 노화를 실감할 때
남은 인생을 어떻게 살아야 할지 막막해질 때

50대 여성이 무너지는 때
갱년기와 함께 감정 기복이 극심해질 때
자녀가 떠나고 '엄마'라는 정체성이 사라질 때
남편과 둘만 남은 일상에서 허무함을 느낄 때
사회에서의 역할이 희미해졌다고 느낄 때
몸과 마음이 예전 같지 않아 자신감을 잃을 때
지금까지의 삶이 헛되게 느껴질 때
친구가 줄고 외로움이 깊어질 때
누군가에게 꼭 필요한 사람이 아니라고 느낄 때
하고 싶어도 늦었단 생각이 발목 잡을 때
사랑받고 있다는 느낌이 사라졌다고 느낄 때

02. 좋은 물 좋은 결

> 내 안에서 내 결에 맞는 길을 찾으면
> 더 많은 길이 열린다.

　물은 흐르면서 자신에게 맞는 길을 찾습니다. 단단한 바위를 만나면 돌아가고, 좁은 틈을 만나면 스며들고, 때로는 가만히 고여 기다리기도 합니다. 그러면서 결국엔 자신만의 길을 만들어내죠.

　나는 그것을 '좋은 물, 좋은 결'이라 부릅니다. 우리는 모두 각자의 결이 있습니다. 결은 곧 살아온 방향이자 삶의 태도입니다. 하지만 대부분의 사람은 그 결을 알아차리기도 전에 세상이 말하는 결, 누군가가 성공했다고 말하는 물길에 자신을 억지로 맞추려 합니다. 속도는 빠를지 몰라도, 내 결이 아닌 곳에 닿으면 결국엔 금이 가기 마련입니다. 나에게 맞는 좋은 물은 내가 어떤 결을 지녔는지를 아는 데서부터 시작됩니다. 나는 어떤 환경에서 잘 자라는지, 어디에서 흐를 때 내 마음이 편안한지, 무엇을 할 때 에너지가 살아나는지를 조용히 들여다보는 일 말입니다. 좋은 결은 남이 정해주지 않는다는 것을 명심하세요.

나는 한때 타인의 결을 부러워했고, 그 결을 닮기 위해 애써보기도 했습니다. 하지만 나를 잘 모르고 맞춘 선택은 그럴듯해 보였지만 오래가지 않았습니다. 나에게 맞는 물을 만나야 내 결이 살아납니다. 좋은 결은 내 안에서, 아주 오래전부터 조용히 나를 향해 속삭이고 있었던 것입니다. 이제는 그 결을 따라 나만의 세계를 만들어가고 있습니다. 속도가 조금 늦더라도, 방향이 흔들리더라도, 내 물길 안에서 나답게 흐르고 있습니다. 세상에 휩쓸리지 않고, 나의 결을 지켜 흐르는 삶. 그게 어쩌면, 내가 바라는 진짜 성공일지도 모릅니다.

여러분은 지금, 어떤 물길 위에 서 있나요?
그 길은 정말 당신의 결에 맞는 흐름인가요?

03. 감정 확인

> 눈물이 난다고 모두 슬픔이 아니고,
> 화가 난다고 다 분노는 아니니까.
> 제대로 알아야지, 내 감정이니까.

　가끔 이런 생각이 듭니다. 내가 지금 느끼는 이 감정이 정말 내 감정이 맞는 걸까. 혹시 주변의 기대, 상황의 압박, 과거의 상처들이 섞여 만들어진 감정은 아닐까. 감정이라는 건 참 복잡합니다. 눈물이 난다고 모두 슬픔은 아니고, 화가 난다고 다 분노는 아니니까요. 무언가에 서운함을 느끼는데 그 밑바닥엔 인정받고 싶은 마음이 있고, 불안해진 순간엔 사실 누군가에게 기댈 수 없다는 외로움이 숨어 있을 때도 있습니다.

　감정은 겉모습만 보면 잘못 짚기 쉽습니다. 그래서 조금 멈춰야 합니다. 반응하지 말고, 우선 '확인'부터 해야 합니다.

"지금 내가 느끼는 감정은 정확히 무엇이지?"
"이 감정은 어디서부터 온 걸까?"
"이 감정이 나에게 뭘 말해주고 싶은 걸까?"

감정을 있는 그대로 인정하는 건 중요합니다. 그러나 그 전에, 그 감정의 이름을 제대로 붙여주는 일이 먼저입니다. 혼란스러움은 갈피 없는 감정에서 시작되고, 그 갈피를 찾는 첫 번째 방법은 '제대로 느끼는 것'입니다. 아프면 아픈 거고, 외로우면 외로운 거고, 억울하면 억울한 겁니다. 괜찮은 척하는 대신, 한 번쯤은 나에게 이렇게 물어보세요.

"지금, 나 진짜 뭐가 힘든 거야?" 감정을 외면하면 결국 그 감정이 나를 삼켜버립니다. 감정을 무시하면 어느 순간부터 그 감정이 나를 통제하기 시작합니다. 감정은 나쁜 게 아닙니다. 감정은 내가 나에게 보내는 알림입니다. 그 알림을 무시하지 말고, 제대로 읽어주세요.

감정을 바로잡는 건 '다스리는 일'이 아니라, '들어주는 일'입니다. 감정은 이해받고 싶어서 얼굴을 내밀고 있는 것이니까요.

04. 마음의 주인

> 주체가 누구인지 내 인생의 주인은 결국 나임을.

　　마음이란 종종 '자동문' 같습니다. 누가 지나가기만 해도 저절로 열리고, 때로는 원치 않는 손님에게도 열리니까요. 그래서 어떨 땐 하루가 요동치기도 합니다. 누구의 말 한마디, 표정 하나에 내 감정이 열렸다 닫혔다 하면서 나는 내 마음에 입장조차 못한 채 바깥에서 서성일 때가 있습니다.

　　K는 매주 자신의 현관문을 활짝 열어 두었습니다. 어른, 아이 할 것 없이 이웃들이 자유롭게 드나들 수 있도록 말입니다. 베풀고 나누며 함께 살고 싶다는 따뜻한 의도였겠지요. 하지만 시간이 지나자, 집 안은 뒤엉키기 시작했습니다. 누구의 허락도

없이 사람들이 들고나는 공간에서, 정작 그의 사생활과 가족의 평온은 사라졌습니다. 집주인이 집주인 노릇을 하지 못하는 집이 된 것이죠.

    마음도 이와 다르지 않습니다. 처음엔 따뜻함이었지만, 시간이 지나고 보면 내 안이 너무 복잡하고 지쳐 있을 때가 있습니다. 나를 향해 열었던 문인데, 어느새 나조차 눈치 보며 머물지 못하고 있었을 때 있지 않나요? 자신의 감정을 어지럽힌 건 타인이 아니라, 너무 쉽게 마음의 출입을 허용한 '나'였습니다.

    마음은 자동문이 아니라, 비밀번호를 걸어야 할 보물창고입니다. 쉽게 열려서는 안 되는, 소중한 감정들을 담고 있는 내면의 보물 상자 말입니다. 누구나 들락날락하게 두면 그 안은 금세 어지럽고, 무엇을 지켜야 할지도 모른 채 혼란스러워집니다.

    생각보다 많은 사람들이 자기 마음의 주인이 아니라는 걸 아시나요? '내 마음인데 왜 자꾸 남이 흔들까?'라고 생각하지만, 실은 문을 열어준 것도, 머물게 한 것도 나 자신이었습니다. K는 어느 날부터 현관문을 닫기 시작했습니다. 대신, 작은 창을 열었습니다. 필요할 때 노크하면 반가이 맞이할 수 있도록. 마음도 그렇게, 내가 먼저 지키고 선택해야 할 공간입니다.

    내 마음의 주인은 결국 나임을 잊지 말아요.

    난 소중하니까?

05. 고요와 평안

> 내면의 소리를 듣기 위한 충분한 시간과 고요함.

요즘은 고요하기가 이전보다 더 어렵습니다. 아침에 눈을 뜨자마자 스마트폰이 말을 걸고, 뉴스가 감정을 흔들고, 알림이 생각을 끊습니다. 내 마음이 쉴 틈이 없습니다. 무엇을 하지 않아도 되는 순간조차 우리는 뭔가를 하고 있어야 안심하지요. 유튜브를 켜거나, 메시지를 확인하거나, 배경음악이라도 틀어야 비로소 편안해집니다.

침묵을 어떻게 느끼시나요?

고요는요?

불편하고, 어색하게 느껴지지 않나요?

하지만 참 아이러니하게도, 우리가 그토록 바라는 평안은 오직 고요 속에서만 만날 수 있습니다. 속도를 늦춰야 보이는 풍경이 있듯, 내면의 목소리는 모든 소음을 걷어낸 후에야 들리니까요. 수면 위에 흙탕물이 잔뜩 일어난 연못처럼 마음도 계속 흔들고 움직이면 어떨까요? 맑은 바닥이 보이지 않겠죠. 가만히 두어야, 시간이 흘러야, 다시 투명해집니다.

고요는 멈춤이 아니라 회복입니다. 아무것도 하지 않는 시간이 아니라, 내 안을 정돈하는 시간입니다. 고요 속에 있을 때 우리는 비로소 묻게 되지요.

'난 정말 괜찮아?'

'내가 지금 붙잡고 있는 건 정말 나에게 중요해?' 답은 늘 마음속에 있습니다. 하지만 소음 속에서는 들리지 않겠지요. 고요가 필요합니다. 아무것도 하지 않는 시간이 아니라, 온전히 나에게 귀 기울이는 시간.

잠시 모든 알림을 꺼두세요.

06. 단순해진다는 것

> 단순한 사람을 좋아하는 이유

난 단순한 사람을 좋아한다.

1. 함께 있으면 마음이 편안하다.

계산 없이 말하고, 진심을 숨기지 않으니 내가 괜히 의심하거나 긴장할 이유가 없다. 누군가의 눈치를 살피지 않아도 되는 관계는 생각보다 드물다. 하지만 단순한 사람 옆에선 나도 나답게 말할 수 있고, 있는 그대로 있어도 괜찮다는 느낌을 받는다. 마음을 숨기지 않으니 그 사람의 표정이 곧 마음이고, 그 눈

빛이 곧 믿음이 된다.

2. 단순한 사람은 헷갈리게 하지 않는다.

말을 돌리지 않고, 감정을 숨기지 않으며, 관계 속에서도 일관된 태도를 보인다. 오늘은 웃다가 내일은 날 선 말로 상처 주는 사람이 아니라, 늘 비슷한 톤으로 다가오는 사람. 감정의 온도가 일정한 사람. 그래서 그런 사람 곁에선 나도 쉽게 마음의 리듬을 잃지 않는다. 복잡하게 말하지 않아도 되고, 내 진심이 엉뚱하게 왜곡되지 않아도 된다. 그저 '있는 그대로'의 모습으로도 충분히 관계가 유지되는, 그런 사람.

3. 무엇보다 단순한 사람은 삶을 비워낸다.

남보다 앞서려 하지 않고, 굳이 증명하려 애쓰지 않으며, 자신의 중심을 잘 지킨다. 덜어내는 데 익숙하고, 욕심보단 균형을 중시한다. 넘치지 않으니 흔들리지 않고, 나누어도 모자람이 없다. 그렇게 단순한 사람은 삶의 밀도가 높다. 말이 적어도 신뢰가 크고, 욕심이 없어도 여유가 깊다. 복잡한 걸 풀려고 하지 않으니, 애초에 얽히지 않고 산다. 그래서 늘 안정적이다. 조용하지만 단단하고, 소박하지만 깊이 있는 사람. 그런 사람은 오래도록 곁에 두고 싶어진다.

나는 오늘도 마음속을 정리하고 있다. 과한 기대와 엉킨 감정, 나를 괴롭히는 쓸데없는 생각들을 하나씩 걷어내며 단순한 삶을 연습 중이다. 복잡한 것이 다 정답은 아니라는 걸 이제는 조금 안다. 단순함은 가벼움이 아니라 깊이이고, 단순한 사람은 결국 삶을 가장 명확하게 살아가는 사람이라는 것도.

07. 하는 이유 하지 않는 이유

> 단순히 하는 것에도
> 하지 않는 것에도 이유는 항상 있는 법이다.

하는 이유

누군가가 나를 믿어주기 때문에

나 자신을 실망시키고 싶지 않아서

지금 하고 있는 일이 내 존재를 증명해 주기에

하지 않는 이유

실패가 두려워서

뭘 원하는지 몰라서

너무 지쳐서

우리는 늘 무언가를 해야 한다고 생각하며 산다. 그래야 의미 있는 사람 같고, 그래야 덜 불안한 것 같아서. 그런데 정말 내가 '하고 싶은 마음'으로 하고 있는 걸까, 아니면 '하지 않으면 안 될 것 같아서' 억지로 밀어붙이고 있는 걸까.

하는 사람은 이유가 있다. 그 일이 좋아서일 수도 있고, 그 일이 자신을 증명해 줄 것 같아서일 수도 있다. 때로는 그 일을 통해 누군가의 인정을 받고 싶은 마음이 숨겨져 있기도 하다. 결국 하는 모든 일엔 나름의 이유가 있다. 그 이유는 대부분 '지금 내가 여기에 머물러도 괜찮은 사람인지' 확인받고 싶은 마음에서 비롯된다.

반대로 하지 못하는 사람에게도 이유는 있다. 하기 싫어서가 아니라, 할 수 없을 만큼 마음이 다쳐 있거나 두려운 것이다. 안 해도 되는 게 아니라, 못하는 것에 가까운 시간. 그건 게으름이 아니라 아직 회복되지 못한 감정이고, 마음속 어딘가에 고여 있는 자기부정일 수 있다.

그래서 누군가의 시작보다, 멈춤을 더 오래 바라봐줘야 할 때가 있다. 하지 않는다고 무기력하다 말하지 않고, 아직 충분히 회복되지 못했음을 알아봐 줄 수 있을 때, 그 사람은 다시 시작할 수 있다.

08. 인생 레슨

> 남이 내준 것은 내 실력이 안 된다.
> 내 것이 되려면 마땅한 값을 치러야 하는 것.

    내가 진짜 원하는 삶을 살고 싶다면, 결국 그만한 값을 치러야 한다는 것은 변하지 않는 진리다. 나는 작가가 되고 싶었고, 내 이름을 건 일을 하고 싶었다. 곧 나만의 브랜드를 만들고 내 사업을 준비하기 시작했다. 오랜 시간 동안 견뎌내기 쉬운 과정이 아니었다. 꿈을 이루기 위해 시간도 써야 했고, 돈도 써야 했고, 수많은 밤을 혼자 견뎌야 했다.

    무엇보다 아무도 대신해 줄 수 없는 '내 몫의 수고'를 내가 감당해야만 했다. 그제야 비로소 내 것이 될 수 없을 것 같던 것들이 조금씩 내 것이 되기 시작했다.

우리는 살아가며 수많은 선택의 갈림길에 선다. 그때마다 한 가지는 분명하다. 남이 내준 정답지는, 내 실력이 되지 않는다는 것이다. 누군가의 요약정리로는 시험을 통과할 수 없고, 누군가의 성공 공식을 따라서는 오래가지 못한다. 결국 내 것이 되려면, 내 손으로 직접 써야 하고, 내 마음으로 부딪혀야 하고, 내 시간으로 깨달아야 한다.

그런데 참 이상하게도 많은 사람들이 '값을 치르는 일'에는 인색하다. 꿈은 꾸지만, 시간은 내지 않고, 도전은 말하지만, 땀은 흘리지 않는다. 거저 얻고 싶어 한다. 누군가 만들어 놓은 길을 따라가며 자신도 곧 도착할 수 있으리라 믿는다. 하지만 인생의 중요한 레슨은 거저 오지 않는다. 어떤 방향이든, 어떤 일이든, 반드시 값을 치른 만큼의 의미와 성장만 남는다.

나도 처음에는 수없이 망설였다. 지금 이 돈, 이 시간, 이 선택이 과연 나에게 가치 있는 일일까? 하지만 돌이켜보면, 그 모든 결제 버튼을 눌렀던 순간들이 내 인생의 전환점이었다. 책 한 권을 쓰기 위해 몇 달을 쏟아부었던 시간도, 이름 모를 클래스에 무작정 들어갔던 밤들도, 다 내 가능성을 믿고 지급한 레슨비였다. 꿈은 공짜로 오지 않는다. 그 꿈을 현실로 만들고 싶은 사람은 그만큼의 값을 먼저 지급할 준비가 되어 있어야 한다.

그것이 진짜 내 인생을 위한 태도다.

09. 우물 안에서 퍼내기

> 더 배워야 할 것 같았고,
> 더 들어야 할 것 같았고,
> 더 채워야 할 것 같아서.

몇 년간을 계속 이곳저곳을 다니며 배우고 듣고 채웠다. 그럴수록 뭔가 더 새로운 것들이 끝도 없이 나를 기다리고 있다. 오늘만 해도 챗GPT를 넘어서서 또 다른 새로운 AI 기술과 기능들을 소개하고 알려주는 정보들이 톡방에 무수히 올라온다.

이거 사용해 보세요. 대박이에요.

저거 사용해 보세요.

시간이 엄청나게 단축됩니다.

더 배워야 할 것들이,

더 들어야 할 것들이,
더 채워야 할 것들이
끝없이 생겨난다.

배움의 세계는 넓었고, 나는 여전히 갈증이 해소되지 않은 사람처럼 계속해서 바깥에서 안으로 퍼다 나르느라 애썼다. 이젠 지친다는 생각이 문득 들었을 때, 나는 이제는 채우는 일이 아니라 무언가를 꺼내야 할 때라는 걸 알게 되었다. 충분했다. 내 안은 이미 가득 고여 있었다. 그동안 쌓아온 내 안의 우물물이 깊어졌다.

이젠 그걸 퍼 올려야 할 시간이라는 것을 직감했다. 이젠 더 이상 밖에서 방황하지 말고, 깊은 내 안에서 꺼내는 훈련을 해야 한다는 것을 깨달았을 때 이곳저곳 배우러 다니던 일을 멈추었다. 이제는 새로운 물을 찾는 것이 아니라, 이미 내 안에 있는 맑은 물을 올바르게 퍼 올리는 일.

그것을 나는 하고 있다.

우리는 종종 자신 안에 얼마나 많은 것이 있는지 잊고 삽니다. 여러분 안의 우물은 지금 얼마나 깊어졌나요?

10. 부지런한 글방

> 자신을 기록하는 길, 과정을 남기는 일.
> 작가의 글방에 들어가 신비로운 세계로 연결되는 방.

그곳에서 나는 창조와 위로와 어루만짐과 믿음을 실제화하는 일들을 이루어내고 있다.

나는 글을 쓰기 위해 하루에도 몇 번씩 글방에 들어간다. 단순히 글을 쓰는 작업실이 아니다. 내 안의 가장 신비한 세계로 통하는 문이다. 이때는 현실에서도 살짝 비켜앉는다. 남편도 아이들도 잠시 비워주는 자리. 혼자서 마음의 가장 깊은 이야기와 상상을 끄집어내는 장소. 세상의 시간은 어김없이 흘러가지만, 이 방 안에서 내 시간은 잠시 멈춰있다. 고요함이 흐른다.

글을 쓰는 것을 왜 좋아할까. 생각 속에서 무형의 것들이 떠다니다 내 손가락에서 유형의 것들로 창조되는 것들이 즐겁다. 한 줄, 한 문장씩 이어가다 보면 없는 길도 생기고 보이지 않던 위로가 문장 속에서 빛나기도 한다. 글방은 작고 조용하지만, 안에서 나는 삶의 모든 장면을 다시 써본다. 때로는 지나온 시간을 정리하고 때로는 오지 않은 내일을 그려본다. 글을 쓴다는 건 단지 문장을 만드는 일이 아니다. 나를 믿는 마음을 조금씩 되살리는 일이고, 타인을 있는 그대로 품어내는 연습이며, 보이지 않는 진심을 실재로 옮기는 마법 같은 일이기도 하다.

나는 오늘도 이 방에 들어서서 하루를 온전히 보내고 있다. 멈추지 않고 타자를 두드린다. 가장 정직한 내 모습으로.

more self love

가장 신비한 세계로

들어가는 그 문을 나는

너무 사랑합니다.

내 몸과 맘을 다바쳐서....

11. 우아한 처세

> 미안하단 말과 고맙단 말.
> 틀림이 아닌 다름을 이해.
> 무례하지 않은

미안하단 말과 고맙단 말.

이 두 말에는 사람 사이의 온도가 담겨 있습니다. 너무 많이 말해도 가볍고, 너무 아끼면 서운합니다. 그래서 가장 적절한 때, 진심을 담아 꺼내야 합니다. 여러분은 어떨 때 미안해라는 말과 고마워라는 말을 사용하시나요?

저는 두 말의 의미를 이렇게 해석해 봅니다. '미안해'는 내 자리를 내려놓고 상대의 마음을 들여다보겠다는 다짐이고, '고마워'는 누군가의 마음을 기꺼이 품겠다는 인사말입니다. 어른이 된다는 건 이 두 말을 진심으로, 제때 전할 줄 아는 사람이 되는 일인지도 모르겠습니다. 때론 한마디 "미안해.", "고마워."
가 하루의 무게를 훨씬 가볍게 해주지 않나요?

틀림이 아닌 다름을 이해.

사람은 누구나 자신만의 기준과 언어를 가지고 살아갑니다. 그래서 오해는 쉽게 생기고, 단정은 쉽게 내리게 되죠. 틀렸다고 생각했던 것들이, 알고 보면 그저 다른 방식일 뿐일 때가 많은데 그조차도 옳고 틀렸다는 강한 확신을 가지면서 말입니다. 우아한 처세란 나의 옳음을 앞세우는 것이 아니라, 타인의 다름을 인정하는 태도가 아닐는지요.

다름을 불편해하지 않고, 있는 그대로 바라보는 마음. 그런 시선 하나가 인간관계를 오래가게 합니다. 오래갈수록 깊고, 깊을수록 조용한 것이 사람 사이의 정이라고 생각합니다.

무례하지 않은.

우리는 솔직함과 무례함을 종종 혼동하곤 하지요. 단도직입적으로 말하는 것이 멋진 소통처럼 여겨질 때도 있습니다. "전 직설적이에요. 전 뒤끝이 없는 사람이에요." 이런 말 들어보거나 해본 적이 있나요? 유의해야 할 점이 있습니다. 어떤 말도, 어떤 표현도 예의를 품지 않으면 독이 된다는 것을 말입니다. 우아한 처세는 말의 기술이 아니에요.

그것은 관계를 지키기 위한 선택이며, 나의 인격을 보여주는 방식입니다. 정중함을 잃지 않는 사람은 결국 자신을 지킬 줄 아는 사람이라고 볼 수 있습니다. 무례하지 않기 위해 애쓴다는 건, 누군가에게 상처 주고 싶지 않은 마음의 표현이니까요.

우아한 처세란 결국 나를 낮추지 않으면서도, 타인을 높일 줄 아는 태도입니다. 삶은 혼자 살아갈 수 없기에, 우리가 서로의 고단함을 조금 더 부드럽게 받아내기를 바랍니다. 나의 하루에 우아함을 더하는 연습, 오늘도 그 연습, 저와 함께 해보시면 좋겠습니다.

12. 사랑한다는 것

> 어떤 사람을 향해 품게 되는
> 따뜻한 이해, 배려, 인내, 안타까움,
> 응원의 마음.

그 모든 것들을 아울러 '사랑'이라 부를 수 있다는 걸, 이제는 조금 알 것 같습니다. 예전엔 '사랑합니다'라는 말이 참 어려웠습니다. 평생 그런 말 않던 아버지에게 처음으로 "사랑한다."라는 말을 들었을 때 그는 술에 한껏 취해 내뱉었을 뿐 저는 전혀 그 마음을 전해 받지 못했습니다.

그래서인지, 누가 그 말을 해오면 불편했습니다. 내가 먼저 꺼내기엔 차마 내 입이어도 좀처럼 꺼내지지 않았습니다. 괜히 농담처럼 흘려버리거나, 어색하게 얼굴을 돌려버렸던 기억이 납니다. 그땐 사랑이라는 말이 너무 낯설어서 어느 특별한 사람에게만 허락된 것처럼 느껴졌습니다. 하지만 인생을 살아오며 알게 되었습니다.

때로는 말없이 옆에 있어 주는 일,

무언가를 대신 짊어져 주는 일,

아무 말 없이 그 사람을 믿어주는 일.

그런 소소한 일상 속 마음들도 충분히 사랑이라 부를 수 있다는걸요. 부모를 사랑한다는 건, 내가 자라며 몰랐던 마음들을 어른이 되어서야 조금씩 헤아리게 되는 일이었습니다. 자녀를 사랑한다는 건, 끝없이 주고도 더 주고 싶은 본능 같은 마음이었고요. 연인을 사랑한다는 건, 시간이 지나며 설렘보단 믿음과 존중으로 옮겨가는 깊이였습니다. 그리고 타인을 사랑한다는 건, 누군가의 사연 앞에서 잠시 멈춰 마음으로 안아주는 일이 아닐까? 생각합니다.

사랑은 늘 가까이에 있었습니다. 단지 내가 너무 어렵게 생각했는지도 모릅니다. 이젠 '사랑합니다'라는 말이 누군가를 감싸는 인사처럼 느껴집니다. 누군가는 또 나와 같은 생각을 하고 있겠지만 이제는 그 말이 나의 마음을 담은 아주 작은 잦은 인사가 되었습니다.

그 말 한마디가 어느 날은 나를 견디게 해주고, 어느 날은 누군가의 마음을 환히 밝혀주지 않을까요?

13. 초연하게 걷는 길

> 초연하게 걷는 길은
> '사명'이라는 묵직한 힘과 방향으로 걷는 길이다.

'초연'하다는 것은 세상의 바람에 쉽게 휘둘리지 않는다는 뜻을 가진다. 무심하거나 냉정하다는 것이 아니라, 지켜야 할 가치를 알기 때문에 불필요한 것에 흔들리지 않는 태도다.

초연하게 걷는다는 것은, 스스로의 목적을 잊지 않고 걸음을 이어간다는 뜻이다. 살다 보면 수많은 말들이 쏟아진다. 그 길 맞느냐, 지금 늦은 거 아니냐, 그렇게 해서 되겠느냐는 의심들이다. 외부에서 들리는 소리 하나하나에 흔들리다 보면 결국 내가 어디로 가고 있었는지도 잊게 된다.

그러니 초연한 삶이란, 수많은 소음 속에서도 나의 사명을 지켜내려는 강단있는 싸움이 아닌가. 사람들은 흔히 말한다. "어떻게 그렇게 흔들리지 않을 수 있어요?" 사실 나는 흔들리지 않는 사람이 아니다. 다만, 사명을 품고 있는 사람일 뿐이다. 나를 이끄는 사명이 넘어진 나를 일으키고, 다시 걷게 만든다. 사명이 방향이 되어 하루하루의 결정을 이끌어주는 셈이다.

결국 초연하게 걷는다는 건 마음이 강해서가 아니다. 어디를 향해 가야 하는지 아는 사람만이 할 수 있는 일이다. 목적이 분명한 사람은 사소한 비교에 휘둘리지 않고 타인의 속도에 불안해하지 않기 때문에 가능한 걸음이다.

오늘도 삶이 내게 묻는다. 너는 왜 그 길을 택했느냐고. 나는 조용히 대답한다. 태초에 빛이 있기도 전에, 신이 나를 만드실 그 때에, 그분의 계획이 지금 여기에 있었노라고.

가는 길이 느려도 괜찮다. 때로 외로워도 괜찮다. 사명이 있는 사람은 초연해지는 법이다. 그리고 초연한 걸음에는 묵직한 힘이 있다.

14. 꼴값

> 이 꼴 저 꼴

　나는 내가 선택한 삶의 꼴값을 당당히 치르며 살기로 했다. 나는 내 꼴에 진심이고, 내 삶에 값을 지불하고 있다. 그게 진짜 꼴값 아닐까. 세상에 공짜 꼴은 없다. 누구나 자기 삶의 꼴을 만들어가고, 그에 어울리는 값으로 하루를 살아간다. 당신은 당신의 꼴에 값을 치르고 있는가?

　지금 흘리는 땀, 견디는 침묵, 다독이는 마음이 결국 내 삶의 형체를 만든다. 누군가 보기엔 우습고 모자란 꼴일지 몰라도, 나는 내가 버티고 있는 이 자리에서만큼은 온 힘을 다하고 있다. 그러니 나의 꼴은 누구의 평가로 완성되지 않는다. 내가 감당한 시간과 경험, 내가 지켜온 자세만이 그 모양을 증명한다.

값을 치르는 삶은 결코 가볍지 않다. 불안한 날도 많고, 흔들리는 순간도 있다. 하지만 적어도 내 삶을 허투루 살지 않았다는 흔적을 나는 남기고 있다. 오늘 하루도 나답게 살기 위해, 내 몫의 값을 기꺼이 지불하련다. 마찬가지로 내 꼴에 책임지고, 내 선택에 빚지지 않으려 한다.

누구도 대신 살아주지 않는 인생. 그러니 나의 꼴값은 내가 낸다.

당신도 주저하지 말길. 당신만의 삶의 꼴을 당당하게 만들어가길. 때로는 그 꼴이야말로, 당신이 가장 진심으로 감당해야 할 삶의 값일 테니까.

나의 꼴과 당신의 꼴을 치룰 값.

15. 생각하기 나름

> 결국 생각하기 나름이라는 것.

같은 일인데 누군가는 괜찮다고 넘기고, 누군가는 밤새 뒤척인다. 같은 말을 듣고도 어떤 이는 웃고, 어떤 이는 마음에 상처를 입는다. 그래서 인생은 결국 생각하기 나름이다. 생각이 기준이고, 해석이 감정이 된다.

우리는 매일 수많은 상황을 맞이하고 수많은 선택 앞에 선다. 그때마다 그 일의 크기를 결정하는 건, 사실 그 일이 아니라 내 생각이라는 것. 생각은 감정을 만들고, 감정은 태도를 만들며, 태도는 하루의 분위기를 만들 테지. 그렇게 하루하루가 모여 결국 인생이 되는 것이지 않나. 그래서 나는 때로는 생각을 버리고 또 때로는 생각을 멈추고, 또다시 생각을 바꾸는 연습을 한다. 억지로 긍정하려 애쓰는 게 아니라, 상황을 바라보는 나의 시선을 점검해 보는 것이다.

혹시 너무 앞서 걱정하고 있는 건 아닌지, 혹시 과거의 감정에 지금을 빼앗기고 있는 건 아닌지, 혹시 단정하고 멈춰버린 건 아닌지. 마음이 복잡할수록 시선은 좁아진다. 그래서 가끔은 한발 물러나 나의 상황과 생각들을 지켜보기도 한다. 정말 이게 그렇게까지 힘들 일인가? 정말 이게 나를 다 무너뜨릴 만큼 큰일인가? 그렇게 생각의 물꼬를 조금만 바꿔보면 감정의 흐름도 달라진다. 누군가 말한다.

"그건 생각하기 나름이지." 맞다. 그 말이 때론 무책임하게 들릴 수도 있지만, 진실이기도 하다. 생각 하나가 마음의 무게를 바꾸고, 결국 삶의 방향까지도 틀 수 있으니까. 완벽한 하루는 없다. 다만 그 하루를 어떻게 받아들이느냐는 우리 각자의 몫이다. 똑같은 현실 속에서도 어떤 이는 무너지지 않고, 어떤 이는 무너진다. 결정적인 차이는 생각에 있다.

지금 내 생각은 나를 지탱하고 있는가,

무너뜨리고 있는가.

16. 일련의 패턴

> 넌 아침에 양치 먼저 해?
> 세수 먼저 해?

생각해 보면 우린 거의 같은 순서로 하루를 살아. 눈 뜨고, 핸드폰 보고, 커피 내리고, 그날의 기분은 전날의 기분을 거의 복붙하지. 뭔가 이상하지 않아? 상황은 매일 다르다고 생각하지만, 내가 보이는 반응은 늘 똑같아.

사람마다 고유한 '생활 루틴'이 있다고 하잖아. 근데 사실 그건 그냥 루틴이 아니야. 말하자면 일상의 자동 반사 같은 거지. 예를 들어 누가 무심코 "그 말 좀 별로다" 하면 넌 바로 '내가 뭘 잘못했지?' 하고 움츠러들지 않아? 또 일하다 실수하면 '아, 나 진짜 왜 이러지?'라며 한참을 끙끙 앓는다든지. 그건 단순히 감정의 문제가 아니라, 오랫동안 반복해 온 '생각의 패턴' 때문이야. 무릎이 쉽게 접히는 사람처럼, 감정도 어떤 방향으로 잘 꺾이는 구조가 생긴다는 거지. 그리고 그 방향은 놀랍게도, 늘 같은 자리로 날 데려가. 자기 의심, 눈치 보기, 후회. 반복 반복 반복.

나도 그랬어. 자존감 높은 척했지만, 실은 누가 한마디만 해도 혼자 꽁해 있었거든. 근데 어느 날, 습관처럼 발에 맞춰 신던 운동화를 보다가 문득 이런 생각이 들었어. '이게 정말 내 사이즈일까?' 편하다고 생각했는데, 사실 조금 작았더라. 발가락이 늘 조였어. 그게 나였던 거야. 익숙한 감정, 익숙한 태도, 익숙한 패턴들. 잘 맞는 줄 알았는데, 사실 나를 불편하게 만들고 있었던 거지. 그래서 그날부터 작은 걸 바꿔봤어. 감정에 바로 반응하기 전에 '잠깐' 멈추는 거. 실수한 날은 '괜찮아, 오늘 하나 배웠다'라고 스스로 말해주는 거. 그렇게 반복되는 패턴 하나씩 끊어냈더니, 하루가 좀 달라지더라.

결국 '일련의 패턴'조차 기술이 아닌 선택이란 얘기야. 내가 어떤 자세로 하루를 맞이하느냐에 따라 인생 전체의 리듬이 바뀌거든. 그리고 패턴은 깨야 바뀐다.

하루를 복붙하며 살고 있진 않아?

지금, 그 루틴 하나쯤은 바꿔봐도 되지 않을까?

17. 그냥 그러려니

> 그러니, 그러려니
> 그냥 그러려니.

누군가의 말이 내 하루를 무너뜨릴 때가 있다.
그 한마디가 내 마음을 가만히 찌를 때가 있다.
하지만 모든 말에는 뜻이 있는 것도 아니고
모든 표정에 의도가 있는 것도 아니다.
그러니, 그러려니
그 말은 세상을 다 품겠다는 게 아니라
한 사람쯤은 놓아주겠다는 마음이다.
그냥, 그러려니
그 말은 삶을 견디는 가장 부드러운 자세다.

18. 인간관계 기록

> 관계에 대해 다 아는 것처럼 말하는 사람을
> 나는 경계하기로 했다.

사람은 나이를 먹을수록 관계에 익숙해진다고 생각한다. 특히 40대, 50대가 되면 대부분 이렇게 말한다.

"이젠 사람 보는 눈이 좀 생겼어."

"이 정도면 사람 관계는 웬만큼 겪어봤지."

그러나 조용히 들여다보면, 아이러니하게도 그 나이의 사람들일수록 관계에 더 서툴고, 더 상처받고, 더 외로워 보일 때가 많다. 말은 아끼지만 진심은 닿지 않고, 배려한다 말하지만 벽을 세운다. 때론 단단함이 아니라 굳어버린 마음이었고, 자존감이 아니라 자존심이 상처를 감쌌던 것이다. 어떤 사람은 관계를 통찰했다고 믿지만 사실은 관계를 '조심'하며 살아온 것일지도 모른다. 그렇게 관계는 어느 순간 '기피'의 대상이 되고, 진짜 감정을 꺼내기보다 '형식' 안에 묻히고 만다.

그런 사람이 있었다. 관계에 대해 누구보다 단호하게 이야기하고, 사람의 속을 꿰뚫어 보듯 말하던 사람이었다. 그런데 정작 한때 가까웠던 누군가와의 관계를, 아무런 말도 없이 일방적으로 끊어내 버리는 모습을 보고 많은 생각을 하게 됐다. 상대는 이유도 알지 못한 채, 어쩔 줄 몰라 했다. 관계에 대해 그토록 많은 말을 하던 사람이 정작 자신의 관계에는 설명도 없이 등을 돌렸다는 사실은 많은 의문을 가지게 했다. 관계는 아는 대로 되는 것이 아니다. 직접 살아내야 하는 것이다.

겉으론 평온해 보여도 속은 복잡하고, 말없이 웃고 있어도 미세한 거리감이 스며 있다. 이쯤 되면 관계란 나이를 먹는다고 절로 알게 되는 것이 아니라, 더 배우고 더 깎이고 더 낮아지지 않으면 계속 오해하고 어긋나는 일임을 인정해야 한다. 얼마나 오래 살아왔고 경험했는가 보다, 얼마나 진심으로 사람을 대할 줄 아는가가 중요하다.

나이가 들었다고 해서 '관계'를 통달했다고 말하지 말자. 관계는 여전히 우리를 가르치고, 우리는 여전히 배워가는 중이다. 관계 앞에서 겸손한 사람이, 결국 사람다운 사람이다.

19. 잠깐의 여유

> 커피믹스 커피를 좋아하는 것이 아니라
> 향과 여유에서 쉼을 얻는 것이다.

내가 커피믹스를 좋아하는 건, 그 맛 때문만은 아니다. 누군가는 말한다. "생기기는 전혀 믹스 마시지 않게 생겼는데, 믹스 드세요?"

진한 커피 향도 아니고, 고급 원두의 풍미도 아니고, 단지 그 익숙한 향과 어딘가 촌스러운 달달함이 내게 작은 쉼표를 주는 그 순간이 좋은 것이다.

바쁜 하루의 틈, 업무의 경계선 사이에서 누군가 물양을 잘 조절해서 타주는 믹스 커피 한 잔. 컵 속에서 천천히 퍼지는 그 향기만으로도 마음이 조금은 풀리고, 눈앞에 있는 복잡한 일들이 살짝 멀어지는 것 같은 착각이 든다. 우리는 모두 그런 순간을 원하지 않나. 특별한 무언가가 아닌, 평범한 일상에서 느낄 수 있는 아주 소소한 여유.

삶을 견디게 하는 건 사실 대단한 것이 아니다. 그렇게 잠깐 숨 쉴 수 있는 틈과 향기다. 커피믹스는 나에게 그런 틈이었다. 아무도 방해하지 않는 시간, 뜨거운 커피잔을 손에 쥐고 잠시 멍하니 창밖을 보는 몇 분. 그 몇 분이 마음을 다잡게 하고, 다시 나를 돌아보게 한다. 좋아서 마시는 것도 있지만, 사실은 쉬고 싶어서 찾게 되는 그 커피. 누구에게는 단순한 습관일 수 있지만, 나에게는 쉼을 위한 작은 의식 같은 것이다. 여유는 바쁜 사람이 일부러라도 만들어야만 만날 수 있는 감정이다.

당신에게도 그런 여유가 있기를. 누군가가 내민 커피 한 잔의 다정함처럼, 오늘 하루에도 자신에게 따뜻한 쉼을 건네는 순간이 있기를 바란다.

커피는 아주 뜨거워야 할 것.
내가 선호하는 물양을 절대 넘지 않을 것.
누군가가 타서 갖다줘야 할 것.

20. 자의 반 타의 반

> 이렇게도 살 수 있는 것이었다.
> 어느 날 문득, 선택한 나의 삶들.

그냥 시간이 그렇게 흘러갔다. 그냥 다들 그렇게 하니까 나도 따라 했고, '이게 맞는가?'라는 물음조차 던지지 못한 채, 어느새 익숙한 길을 아무 생각 없이 걸어왔다.

자의도, 타의도 아닌, 무의식이라는 관성에 몸을 맡긴 채 이십 대를 살아온 것이다. 가끔은 선택한 줄 알았지만, 사실은 선택당한 것이었다. 그 길이 진짜 내 길이었는지, 누가 알려주지도 않았고 나도 굳이 알려고 하지 않았다.

그렇게 살다 어느 날 문득, 나이 마흔이 되어서야 처음으로 질문을 던져보던 중, "이제라도, 내가 선택한 삶을 살아보자."

그 다짐은 늦은 결심이 아니라, 진짜 시작이었다. 돌아보면 타의처럼 시작했던 일들이 많았다. 하기 싫었던 일, 원하지 않았던 일, 억지로 떠밀려 했던 일들. 하지만 그 속에서도 나는 최선을 다했다. 꾸준함이라는 성실은 내 안에 인내라는 뿌리를 내렸고 끈기라는 줄기를 세웠다. 그리고 마침내, 열정이라는 꽃을 피워냈다. 모든 시간이 결코 헛되지 않았음을 지금의 내가 증명하고 있다. 성실하게 버텨온 시간은 내게 자격이 되었고, 자격은 책임감을 낳았다. 책임감은 결국 '결과'를 만들어냈다.

이제는 안다.

완전한 자의는 없다는걸. 세상은 자의와 타의가 끊임없이 섞이고 그 경계 안에서 우리는 서로 영향을 주고받으며 살아간다는 걸. 하지만 분명해진 것이 있다. 지금 나는 더 이상 타의에만 끌려다니지 않는다는 것. 내가 무엇을 원하는지 스스로 묻고 어떤 길을 갈지 스스로 선택하며 내가 감당할 수 있는 일들을 책임 있게 결정하고 있다. 내가 만들어가고 있는 이 삶. 그건 분명, 타의에 기대지 않은 나만의 자의로운 발걸음으로 이루어진 결과다.

살다 보면 여전히 자의 반, 타의 반일지라도 적어도 이제는 내 안의 자의가 중심을 잡고 있다는 걸 안다. 자의가 흔들릴 때마다 다시 묻는다. "정말 내가 원하는 건 뭐지?" 그 물음은 늘 나를 다시 나답게, 앞으로 걷게 한다.

21. 오롯이

> 군중 속에 있을 때보다,
> 혼자일 때 더 자유로운 사람이 있다.
> 나도 그러하다...고 말하고 싶다.

오롯이 존재한다는 것은 타인의 시선에서 벗어났다는 뜻이다. 누구에게 보이기 위해 사는 삶이 아니라, 나로서 살아가는 감각을 아는 사람. 그 감각은 쉽게 얻어지지 않는다.

사람은 타인의 언어에 자신을 맡기고, 사회의 기준으로 자기를 설명하다가, 어느 순간 자기 안에 말이 없어진다는 사실을 알아차린다. 그때부터 묻기 시작한다. "나는 누구인가. 나는 무엇에 반응하고, 어떤 순간에 살아 있음을 느끼는가." 오롯이 존재한다는 건 침묵 안에서도 자신과 대화할 수 있는 사람이라는 뜻이다.

군중 속에서도 자신을 잃지 않고, 혼자 있어도 텅 비지 않는 사람. 세상이 만들어준 기준이 아닌, 자신만의 리듬으로 살아가는 사람. 그것은 도달하는 것이 아니라, 매일 훈련하고 깎아내야 하는 태도다.

니체는 말했다. "군중 속에 있을 때보다 혼자 있을 때 더 자유로운 사람만이 진정한 인간이다."

그런 사람은 외롭지 않다. 고요하지만 비어 있지 않고, 혼자이되 무너지지 않는다. 오롯이 존재하는 사람은 쉽게 휘둘리지 않는다. 삶이 흔들릴 때 돌아갈 자신 안의 자리를 알고 있기 때문이다. 그렇게 살아가는 이는 많지 않다. 그러나 반드시 있다. 소리 내어 말하지 않아도, 조용히 제 방식대로 세상을 살아내는 사람들. 그들의 존재는 낮고 단단하게 말한다.

"나는 나로 존재하는 중이다."

그것이 오롯이 살아간다는 뜻이다. 나도 그리 살아보려 한다.

22. 세상 대면

> 세상 앞에서 내가 더 작아질 때가 있다.
> 그래도 괜찮다.
> 작다고 의미 없는 건 아니니까.

　세상은 언제나 나보다 크다. 그래서 나는 종종 작아지고, 더러는 사라지고 싶어진다. 모두가 당당해 보여서, 나만 흔들리는 것 같고 모두가 바빠 보여서, 나만 멈춘 것 같을 때. 그럴 땐 세상이 너무 크고, 나는 너무 작다.

　하지만 자세히 보면, 세상은 원래 그런 얼굴을 하고 있는 거고 나는 내가 나를 몰라서 더 작아지는 거다. 세상을 대면한다는 건 누구를 이기거나 뛰어넘겠다는 뜻이 아니다. 그저 내가 나를 지키면서, 이 거대한 세계를 지나가겠다는 결심이다.

　내 말이 작아도 괜찮고 내 걸음이 느려도 괜찮다. 작은 나도, 느린 나도 이 세상에 존재할 자격은 충분하다. 그러니 오늘도 나다운 생각과 태도로 세상과 다시 마주 선다. 넘어뜨리지 않아도, 설득하지 않아도 내 자리를 지키는 것으로 충분하다. 모두의 속도에 맞추지 않아도 되고, 모든 질문에 대답하지 않아도 된다. 가끔은 말없이 그 자리에 서 있음으로 나를 증명한다.

오늘 내가 믿는 방향으로 걸어간다는 건, 내 안의 질서를 세상 밖으로 천천히 펼쳐 보인다는 뜻이다. 조용히, 그러나 분명하게. 나는 지금, 나의 방식으로 살아가는 중이다. 오늘 내가 믿는 방향으로 걸어가는 것, 그것이 내가 세상을 대면하는 방식이다.

23. 일상 잡담

> 오늘도 괜찮은 하루였다고,
> 스스로에게 건네는 대화.

1. 집 앞 편의점이 주는 위로는 생각보다 크다. 아무 말 없이 불 켜 있는 그곳이 오늘도 괜찮다고 말해주는 것 같아서. 2. 말 걸지 않아도 좋은 사람도 있다. 조용히 곁에 있어 주는 것만으로도 위로가 되는 관계가 분명 있으니까. 3. 낮에 들었던 말이 밤이 되면 마음속을 헤집고 돌아다닐 때가 있다. 그 사람은 잊었을지 몰라도 나는 아직 그 말 안에 있다.

4. 문 앞까지 갔다가 다시 돌아온 날이 있다. 세상으로 나갈 힘이 없어도, 돌아설 수 있다는 것도 용기다. 5. 괜찮다는 말이 유난히 버거운 날이 있다. 진짜 괜찮지 않은데, 괜찮다고

말해야 할 때 더 외롭다. 6. 기억도 정리할 시간이 필요하다. 머릿속에만 쌓여 있던 것들을 꺼내 놓고 나면 마음이 조금 가벼워진다. 7. 진짜 듣고 싶은 말은 대부분 마음속에 있다. 누구의 위로보다, 내가 나에게 해주는 말이 더 오래 남을 때가 있는 걸 보면. 8. 괜히 서운한 날엔 괜히 많이 먹는다. 감정을 씹어 넘기듯 입에 뭔가를 계속 넣게 되는 날이 있다.

9. 밤에 혼자 있는 시간이 꼭 나쁜 건 아니다. 고요함 속에서야 비로소 나와 솔직하게 마주하게 되니까. 10. 사람 사이의 온도는 너무 뜨거워도 오래 못 간다. 적당한 거리를 지키는 관계가 결국은 가장 오래 남는다. 11. 딱히 슬픈 일은 없는데 괜히 울컥하는 날도 있다. 울 자격이 있는 날만 우는 건 아니니까. 12. 혼잣말이 자주 늘어나는 시기에는, 내가 나를 가장 많이 다독이는 중이라는 뜻이다. 그런 날들은 어쩌면, 아무도 몰라도 괜찮은 하루다. 그냥 그렇게 지나가도, 우리는 생각보다 잘 버티는 중이다.

이렇게 말로 꺼내기엔 조금 사소하고, 마음속에만 담기엔 조금 무거운 이야기들이 있다. 누가 묻지 않으면 굳이 꺼내지 않게 되는 그런 말들. 그래서 우리는 마음속에 작은 잡담 하나씩 품고 살아가는 건지도 모른다. 특별하지 않아도, 그 말들이 우리 하루의 온도를 지켜주니까.

Chapter four

끝까지 가면 그게 성공이야

01. 도착점

> 도착점은 내가 정한다.

나의 도착점은 어디일까. 이 땅에서의 삶에서 내가 꼭 이루어야 할 목적이 이끄는 지점. 그 지점이 나의 도착점이다. 사실 1년 후, 3년 후, 5년 후, 10년 후의 도착점은 나도 알고 있다. 그러나 내 인생의 최종 도착점은 아직 보지 못했다.

그렇다고 두렵지는 않다. 나는 안다. 지금 이 여정의 각 지점이 나를 올바르게 이끌고 있다는 것을. 이 작은 도착들이 결국 나를 인생의 큰 목적지까지 인도하리라는 것을.

나는 작가가 되고 싶었고, 그 지점을 통과했다. 1인 사업

가라는 또 다른 도착점을 지나고 있고, 곧 강의와 강연자로서 이 나라와 세계 곳곳을 다니며 나의 사명을 이룰 것이다. 방법과 수단은 달라질 수 있겠다. 그러나 내가 도착할 곳은 분명하다. 그곳은 가난한 이들에게 소망을 주고, 무너진 삶을 다시 일으켜 세우며, 각자의 잠재 능력을 일깨우고, 생존모드에서 벗어나 살아갈 수 있도록 돕는 자리일 것이다. 나는 그 자리에 닿기 위해 오늘도 걸어가고 있다.

내가 정한 도착점은 단지 성취의 지점이 아니다. 그것은 '존재 이유'에 닿아 있는 삶의 목적이다. 그래서 나의 도착점은 더 이상 타인의 기준으로 평가되지 않는다. 방향, 가치, 사명이 이끄는 곳. 그것이 내가 도착하고자 하는 곳이다. 나는 지금 그 길 위에 있고, 멀게만 느껴졌던 지점들도 하나씩 통과하며 나아가고 있다. 그러니 언젠가 반드시, 나는 내가 정한 그 도착점에 닿을 것이다. 아니, 어쩌면 나는 이미 도착해 있는지도 모른다.

지금, 이 순간 나의 발걸음이 사명을 향하고 있다면, 그 또한 하나의 도착이니까.

02. 새로운 언어

> "지금 이 순간을 살아."

　　과거를 되씹느라 오늘을 흘려보내는 날이 많았다. 아직 오지 않은 미래에 눌려 현재를 소홀히 한 적도 많았다. 그런데 어느 날, 지금 이 순간만이 진짜 내 삶이라는 걸 깨달았다. 지금 내가 숨 쉬고 있다는 사실 하나만으로도 충분하다는 것. 그렇게 나는 '지금'을 살기로 했다. 내일이 불안할수록 오늘에 집중하는 것이 중요하다는 것을 알았다.

　　"생각보다 난 더 많은 것을 할 수 있어."
　　늘 스스로를 의심했다. 나 따위가 뭘 할 수 있을까 싶었다. 그런데 시간이 지나 돌아보니 나는 생각보다 꽤 많은 걸 견뎌냈고, 해냈고, 이루어냈다. 내 안의 가능성을 제일 못 알아본 사람이 결국 나였다는 사실을 인정해야 했다. 더 이상 의심하지 않기로 했다. 내가 생각하는 것보다 더 많은 것을 할 수 있다. 믿음이 나를 앞으로 밀어준다.

"생각하지 말고, 그냥 해."
머릿속으로만 사는 삶은 아무것도 바꾸지 못한다. 수없이 많은 시뮬레이션, 끝없는 고민들, 그러나 아무 일도 일어나지 않는 정체된 시간. 그 시간에서 벗어나고 싶었다. 결심했다. 그냥 해보자. 완벽하지 않아도, 두려워도, 틀려도, 일단 시작하자. 단순한 실행이 삶을 조금씩 움직이게 만든다.

"완벽하지 않아도 돼. 다시 하면 되지."
처음엔 모든 걸 잘 해내야만 한다고 생각했다. 실수하면 안 된다고, 한 번에 끝내야 한다고 스스로를 몰아붙였다. 지금은 안다. 모든 건 결국 '다시'라는 것에서 완성된다는 것을. 다시 일어서고, 다시 시도하고, 다시 마음먹는 일. 완벽하지 않아도 된다. 중요한 건, 멈추지 않는 나 자신이다.

"결국 지나간다."

어떤 일은 그 순간엔 감당할 수 없어 보인다. 그러나 시간이 흐른 후에 돌아보면, 그 일도 지나갔다는 걸 알게 된다. 세상 대부분의 일은 그렇게 지나가고, 나도 그 안에서 성장한다. 견딘다는 건 언젠가 지나갈 것을 알기에 가능한 일이다. 그래서 오늘의 고통도 언젠가 지나간다고 믿을 수 있는 것이다. 나는 그 시간을 지날 줄 아는 사람이다.

"남들이 아닌 내 속도로 가."

비교는 늘 나를 초조하게 만든다. 다른 사람의 성과는 자극이 아니라 부담이 되고, 남의 속도에 나를 억지로 맞추다 보면 삶이 자꾸 틀어진다. 이제는 나의 리듬을 지키기로 했다. 나에게 맞는 속도는 누군가와 비교하면 느릴 수도 있지만, 가장 오래 멀리 갈 수 있는 걸음이다. 중요한 건, 내가 나로서 살아가고 있다는 자각이다. 남들과 다른 건 어쩌면 당연한 일이다. 나는 나의 속도로 가는 중이다. 왜냐하면 각자는 모두 자기만의 트랙을 달리고 있는 것이니까.

03. 완벽하지 않아 다행이다

> 전문가도 완벽하지 않다. 완벽한 전문가는 없다.
> 완벽해지려는 마음을 중단하라.

　사람들은 완벽한 사람에게 감동하지 않는다고 합니다. 오히려 실수하고, 흔들리고, 부족하지만 그런데도 계속 나아가는 사람에게 마음을 여는 것이지요. 저 또한 완벽하지 않아 참 다행입니다. 사실은 오랫동안 '전문가'라는 이름 아래 저를 꽤 단단하게 세워두었습니다.

　실수하지 말 것,
　허점을 보이지 말 것,
　늘 정확하고 스마트해야 할 것.

그렇게 스스로에게 각을 세우며, 저도 모르게 '완벽한 사람'처럼 보여야 한다는 무언의 규칙을 본인에게 적용했지요. 그런데 출판업 공부를 시작하며 알게 된 한 출판 전문가는 그런 제 틀을 조용히 깨트렸습니다. 여느 전문가들과는 다르게 말입니다. 스스로 벽을 허물며 있는 모습 그대로 다가오는 사람 말이지요.

실수해도 웃고, 모르는 건 모른다고 말하고, 아는 건 함께 나누는 그녀의 태도는 너무도 자연스러워서 오히려 깊은 신뢰를 주었습니다. 너무 따뜻했고 진실이 느껴졌습니다. 각 잡지 않은 모습이 더 단단해 보였다고 할까요? 저는 그 사람을 통해 깨달았습니다. 전문가란 완벽한 사람이 아니라, 불완전함을 껴안고도 자기 일을 사랑하는 사람이라는 걸 말입니다.

실수할 줄 알고, 배워갈 줄 알고, 같이 웃을 줄 아는 사람이 결국 가장 오래가는 사람이라고 말이죠. 이제는 저 역시 완벽하려는 마음을 내려놓은 지 좀 되었습니다. 모르면 배우면 되고, 틀리면 다시 하면 되죠. 완벽함보다 중요한 건, 제가 얼마나 진심으로 그 일을 사랑하느냐가 아니겠나요. 그러니 오늘도 저 자신을 있는 그대로 사랑하며, 사람들 앞에 진심으로 서기로 합니다.

완벽하지 않아서 더 좋고, 허물어질 수 있어서 더 단단한 저를 믿는 것입니다.

04. 움직일 뿐

> 때로는 이유 없이 움직여야 할 때가 있다.
> 그냥.

우리는 너무 많은 생각들을 하지. 그래서 정작 움직여야 하는 것들에 대해 하지 말아야 할 이유를 결국 만들어 내버리고 말아. '해야지! 할 거야, 할 수 있어. 도전' 외쳐놓고서 아주 조금 시간이 지났을 뿐인데 스멀스멀 사라져 버린.

'에이 다음에 하지 뭐.'

마음먹은 순간엔 진심이었고 열정이었고 모든 에너지가 나를 밀어주는 느낌이었는데, 시간이 지나고 나니 결심은 희미해지고 그렇게 자신을 설득해 버리고 말았어. 너희들도 그런 경험 모두 있지 않아? 어느 순간, 내가 만든 핑곗거리들이 당장 이뤄 내 버리겠다는 결심보다 순식간에 커져 버린 경험 말이야.

자기 삶에 만족하며 사는 이들이 얼마나 있을까? 나만 해도 지금의 삶을 만족하며 이대로 변화 없이 살겠다? 절대 허용할 수 없어. 의식과 삶의 변화를 위해 발버둥 치며 여태껏 살아왔지. 변화의 시작점은 '하지 않으려는 이유'를 만들어내던 내 습성을 버리는 거였어. 의식이든, 무의식이든. '지금은 좀 아니야. 준비가 안 됐어. 아직 때가 아니야.' 누군가에게도 나에게도, 그럴듯한 이유는 항상 있지. 안 그래? 분명 고개를 끄덕이고 있을 거야.

굳이 이유를 대지 않기로 했어. 사실 움직이기 위해 거창한 명분이 꼭 있어야 하는 건 아냐. 그냥, 움직이는 거야. 일단, 해보는 거지.

생각을 줄이고 그냥 움직여봐. 진짜 변화는 언제나 생각보다 단순한 행동에서 시작되거든. 움직임에 변화가 오고, 변화가 일어나는 데 나의 또 다른 삶이 세워지더라. 그러니 오늘도 나는, 이유 없이 그냥 움직인다. 내가 원하는 삶으로 가는 유일한 길이니까.

새벽에 눈이 떠지면 그냥 일어나 글을 쓰는 것도 그 움직임 중 하나.

05. 선택한 길

> 내가 선택한 길은
> 다른 이들이 선택한 길과 똑같을 수 없다.

 겉으로 보기엔 비슷해 보이고 방향도 같아 보여도, 안을 가만히 들여다보면 다 다를 테지. 출발점도, 속도도, 걸음의 결도 모두 달라. 그런데 왜 대부분의 사람이 자신과 타인, 타인과 타인을 비교하며 힘들어하지? 사실은 나도 그럴 때가 많아서 스스로에게 좀 더 힘을 달라고 하는 말이기도 해. 머릿속에 되새기고 이젠 절대 그러지 말자고.

 서로 다른 길을 누구보다 빨리 도착하려 애쓸 필요가 뭐야. 각자 가야 할 길을 각자 원하는 방식으로 끝까지 가야 하지 않겠어? 스스로가 택한 삶의 방식이니까. 살다 보면 그런가 봐.

자꾸 남의 길이 좋아 보이는. 남의 떡이 더 크고 맛나 보이잖아. 다른 이의 성공, 인정받는 삶, 누군가의 편안해 보이는 일상. 그것들이 순식간에 내 선택을 흔들어대는 거 같아.

'내가 틀린 건 아닐까?' '저 길이 더 나은 거 아닐까?' 그런 유혹, 한 번씩 밀려오지? 제발 그렇다고 말해줘. 그런 얘기를 책에서 읽은 적이 있어. 신이 우리를 이 땅에 보낼 때 각자에게 가장 최고의 계획과 목적을 두셨다고. 어느 누구하나 같은 계획과 모양으로 만들어진 적이 없어. 그러니 비교 자체가 애초에 성립 안 되는 거야. 그동안 자꾸 비교하라고 속고 살았던 거지.

이제 우리, 각자의 트랙 위에서 달리자.

자, 생각해 봐. 남의 트랙 위에서 미친 듯이 달리는 것보다 내 트랙 위에서 조금 천천히 가는 게 훨씬 빠르지 않겠어? 아차 싶지. 그래서인지 난 뭔가 남들 때문에 불안해지거나 조급해지면 우선 그 자리에 멈춘다. 그리고 질문해. "혹시 지금 나, 남의 트랙에 들어와 있는 거 아냐?" 그 질문을 던지고 나면 다시 나의 방향과 길을 명확하게 보게 돼. 내가 있어야 할 자리.

삶에는 속도보다 방향이 중요하다고 하잖아. 그 방향은 남이 절대 정해줄 수 없어. 내가 정하는 것일뿐더러 내가 너무 잘 알고 있지. 그러니 네가 선택한 길, 너만의 길을 확신을 가지고 가봐. 남과 비교하지 말고.

06. 마음의 용기

> 책을 읽을 때 마음의 용기를 얻는다.
> 지금 환경을 이겨낼 용기, 다시 시작할 용기,
> 포기하지 않고 힘을 낼 용기.
> 그 용기는 바로 마음의 용기이다.

마음에 용기가 생기면 확신과 신념이 단단해진다. 그리고 그 용기는 생각보다 큰 힘을 발휘한다. 지금의 환경을 이겨낼 용기, 다시 시작할 용기, 포기하지 않고 끝까지 가보겠다는 용기. 이 모든 것이 결국 '마음의 용기'에서부터 시작된다.

우리가 책을 읽을 때 얻는 것도 바로 그 마음의 용기가 아닌가. 아무 힘 없이 쓰러져 있을 때, 나는 책의 몇 문장을 읽으며 다시 일어설 힘을 얻는다. 한계를 뛰어넘을 수 있는 용기, 나도 꿈과 성공을 이룰 수 있을 거라는 용기. 세상과 맞부딪히는 상황 속에서 스스로를 지켜낼 수 있는 용기.

내 감각과 이성은 자꾸만 말한다. 지금의 삶, 이전의 삶이 내 인생의 전부가 아니겠냐고. 지금의 현실이 곧 나의 전부라고. 하지만 나는 감각보다 성공을 이루어낸 사람들의 말을 더 믿는다. 그들은 현실을 넘어섰고, 한계를 뚫고 나아간 사람들이니까.

내가 책을 놓지 못하는 이유도 사실 그것이다. 내게는 아직도 선명한 시간보다 막막한 시간이 더 많다. 앞이 잘 보이지 않는 시간, 내가 가는 길이 맞는 건지 확신이 생기지 않는 시간. 그럴 때마다 나는 가만히 책을 펼친다. 단 몇 장이어도, 단 몇 문장이어도 심지어 단 한 문장이어도 충분하다. 그 문장이 다시금 내 마음을 다잡게 한다.

한 문장 한 문장 따라 읽다 보면 내 안의 조급함과 두려움이 사라진다. 금방이라도 무너질 것 같던 마음이 조금은 버틸 만해지고 다시 한 걸음을 뗄 수 있는 용기가 생기는 것이다. 사실은 그 용기 또한 밖에서 오는 게 아니다. 이미 내 안에 있던 것을 책이 일깨워 끄집어내 주었을 뿐.

마음의 용기를 얻게 하는 것.
1. 책 읽기
2. 글쓰기
3. 산책

4. 운동

5. 조용한 시간

마음의 용기를 잃게 하는 것.

1. 과한 SNS

2. TV.영상 과다 시청

3. 즉각적인 쾌락

4. 계속되는 미루기

5. 일상의 분주함

07. 성공이란

> 성공에 대한 착각,
> 전통적인 성공이 아닌 성공에 대한 재정의가 필요하다.

　　오랫동안 '성공'이라는 말을 오해하며 살아왔습니다. 좋은 대학, 안정된 직장, 높은 연봉, 명함에 적힌 멋진 직함. 이런 것들이 바로 성공이라고 믿어왔지요. 나만 그런 것도 아니고 여러분만 그런 것도 아닙니다. 내가 사는 세상 사람들은 다들 그렇게 믿고 있었습니다. 그러니 그것이 당연한 세상이며 성공이라고 아무런 의심 없이 살았지 않겠습니까. 그런데 어느 날 문득, 이런 질문이 들더라고요.

　　"정말 이게 내가 원하는 성공일까?" 아니,
　　"성공은 누가 정하는 걸까?"

누군가에게는 하루를 무사히 살아낸 일이, 또 다른 누군가에게는 좋아하는 것을 하며 마음 편히 사는 일이, 혹은 가족과 함께 저녁밥을 나누는 일이 가장 큰 성공일 수 있지 않을까? 이 얘기입니다. 그런데 우리는 종종 어떤가요? 자꾸만 타인의 성공을 들여다보며 자신의 가치를 측정하려 합니다.

그런데 참 아이러니한 것이 먼저 성공의 길을 따라가 본 사람들조차 이런 말을 하더란 말입니다. "막상 가보니, 마음이 허전했다."라고 말에요. 왜 일까요? 그건 '성공'이라는 단어의 본질이 빠진 결과만 남아있기 때문이 아닐까요? 남이 정한 기준, 타인의 평가, 세상이 말하는 잘나가는 삶이 '성공'의 정의가 되어버린 순간 스스로의 삶에서 자리를 잃어버리는 것이지요.

이 시대를 살아가는 우리에게 가장 필요한 것은 성공하기 위한, 성공의 재정의가 아닐까 싶습니다. 성공이란 단어가 더 이상 소수의 사람만 차지하는 상징이 아닌, 각자의 삶에 맞는 언어로 바꿔어야 하는 것 말입니다. 여러분에게 성공은 무엇인가요?

_오프라 윈프리
"성공은 당신이 하고 싶은 일을 하면서, 그 일을 통해 사람들의 삶을 변화시키는 것이다."

08. 실패와 믿음

> 실패는 당신에게 실패인가요, 전환점인가요?

누구에게나 실패의 경험은 있다.

예를 들면. 면접에서 떨어졌거나, 사업을 시작했지만 예상보다 빨리 접게 되거나, 좋아하는 사람에게 고백했지만 거절을 당했거나. 육아에서 매일같이 화내고 후회하거나.

그럴 때마다 마음이 위축되고, 생각은 꼬리에 꼬리를 물어온다. '나는 왜 이렇지? 다른 사람은 잘만 하는데. 역시 난 무리인 걸까?' 그러나 실패는 누구에게나 찾아오는 통과의례 같은 것이다. 다만 실패했을 때 자신을 어떻게 바라보는지가 진짜 문제다.

실패를 경험할 때마다 내 안에 있는 믿음도 함께 시험대에 오른다. '괜찮아, 다시 하면 되지.'라고 말할 수 있을 만큼 단단한 믿음을 가지고 있다면 실패는 단연 끝이 아닌 전환점이 될 수 있다. 그렇지 못하고 믿음이 약하거나 약해져 있다면 실패는 쉽게 자기부정으로 이어지기에 십상이다.

'나는 원래 안 되는 사람이야. 역시 첨부터 시작하지 않았으면 좋았을걸.' 그 말들이 더 진짜처럼 느껴지고 믿음이 허상처럼 느껴질 때 다음 도전을 향한 문은 닫혀버리고 만다.

믿음은 실패하지 않는 데서 오는 게 아니다. 실패해도 다시 해보겠다는 마음, 과정에서 쌓이는 확인과 증명 속에서 더 큰 자기 확신으로 쌓이는 것이다.

나는 믿는다.

모든 시작 앞에서 실패를 두려워하지 않는다. 도리어 더 자신 있게 대면하고자 한다. 또한 너무 조급해하거나 서두르지도 않는다. 언제든 다시 걸으면 되니까. 이번엔 더 나답게, 나만의 방법으로 본질을 찾아가며.

09. 끝까지 갈 용기

> 끝까지 갈 용기를 가지고 있나요?

쉽게 '네.'라고 대답할지도 모르겠지만 생각보다 끝까지 갈 용기를 가지고 있는 사람도 끝까지 가는 사람도 흔치는 않은 듯합니다. 저는 넷 아이들을 육아하며 나이 마흔이 되어서야 꿈을 위한 새로운 일을 시작했습니다. 형편이 버거워서 당장 먹고 살 일이 걱정이었고 두려움도 컸습니다.

당시만 해도 끝까지 갈 용기.... 글쎄요.
감히 상상도 못했지요. 그 때는 단지 시작할 용기만 있었던 것 같습니다. 매번 시작할 용기가 필요했습니다. 이전과 다르게 살기 위해서는 가지고 있던 삶을 갈아엎어야 했으니 시작해야만 하는 일들뿐이었으니까요. 거침없이 앞만 보고 달렸는데 어느 순간 포기하지 않을, 끝까지 갈 용기가 필요하다는 걸 알았습니다.

솔직히 이제 그만하고 싶다는 생각이 수시로 들던 때가 있었거든요. 함께 시작했던 많은 동료도 중간에 포기하고 자신의 이전 삶으로 돌아가는 것을 수없이 보았습니다. 끝까지 간다는 건 단지 뚝심만으로 해결되는 것도 아니더라고요. 중간에 포기하고 싶은 마음은 가볍게도 오고 내가 다시 일어날 수 있을까 싶을 정도로 무겁게도 오잖아요. 그때 다시 일어설 수 있는 동기를 스스로 불러일으켜 보면 어떨까요?

1. 결국 해낸 경험을 떠올려보세요.
2. 처음 마음을 다시 떠올려보세요.
3. 내가 지금 너무 지쳐 있진 않은지 살펴봐 주세요.
4. 막연한 불안보다 지금 내 현 위치를 파악해 보세요.
5. 지금 멈춘다면? 내 감정을 확인해 보세요.

10. 리셋 버튼

> 당신의 인생도 가끔은 껐다가
> 다시 켜야 합니다.

가끔 컴퓨터가 멈춥니다. 아무리 클릭해도 반응이 없죠. 그럴 땐 어떻게 하나요? 전원을 껐다가 다시 켭니다. 이걸 '재부팅'이라고 하죠. 그런데 우리는

왜, 마음이 멈췄을 땐 자꾸 고장 난 걸 탓만 할까요? 왜 꺼줘야 할 땐 더 세게 몰아붙이고, 쉬어야 할 땐 더 바쁘게 돌아가려 할까요? 이제는 좀 멈춰도 괜찮습니다. 삶에도 '리셋 버튼'이 필요하거든요. 예전에 이런 말을 들은 적이 있습니다. "사람은 기계보다 연약해서 멈춘다는 신호를 더 자주 보낸다."

근데 많은 분들이 그 신호를 무시해요. 그러다 마음도, 관

계도, 건강도 다 멈춰버리죠. 리셋은요, 끝장이 아니라 정비의 시작입니다. 자동차도 오래 달리면 엔진 꺼줘야 하듯이 우리 삶도 한 번씩 꺼줘야 더 멀리 가겠죠.

"나는 왜 이렇게 지치지?"

"왜 요즘 아무것도 하기 싫지?"

"왜 나만 이렇게 멈춘 것 같지?"

이 질문들이 들릴 땐, 지금이 바로 리셋할 타이밍이라는 뜻이에요. 괜찮습니다. 지금 내 삶이 고장 난 게 아니라, 다시 살아갈 준비 중인 거예요. 우린 매일 새로운 하루를 시작하지만 마음은 어제에 걸려 있을 때가 많습니다. 어쩌면 지금 당신은, 아직 정리되지 않은 감정, 풀리지 않은 후회, 그리고 말하지 못한 속마음을 끌고 새로운 하루를 억지로 살고 있는지도 모릅니다.

그러니 괜찮아요. 모든 걸 잘 해내지 않아도, 잠시 멈춰도, 다시 돌아와도. 우리 삶은 리셋이 가능한 구조로 만들어졌거든요. 기억하세요. 리셋은 도망이 아니에요. 제자리에 잠시 앉아 숨을 고르는 일입니다. 눈을 감고, 내 안의 소리를 듣는 일입니다. 그리고 다시, 나로 돌아오는 시간입니다.

여러분, 힘들면 멈춰도 돼요. 잠시 꺼도 괜찮아요. 다시 켜면 됩니다. 당신은 충분히 잘하고 있어요. 그건 제가 수많은 분을 만나며 확신하게 된 진실입니다.

11. 챙기는 연습

> 잘 지내고 있나요.
> 그 말에 자신 있게 "응, 잘 지내."
> 라고, 말한 게 언제였는지 잘 기억나지 않아요.

요즘 나는,

'괜찮은 척' 대신 '잘 챙기는 사람'이 되고 싶다.

하루를 살아낸 나를, 이만하면 잘 버텼다고

말해주고 싶을 때가 있다.

근데 말로만 그럴 게 아니라

진짜로 나를 챙겨야겠다는 생각이 들었다.

좋은 것을 '경험하는 것'과

좋은 것을 '챙기는 것'은

분명 다르더라.

1. 좋았던 문장 적어두기
2. 마음에 남는 음악 저장하기
3. 위로가 된 말 곱씹기
4. 웃긴 장면 사진으로 남기기
5. 기분 좋았던 이유 써보기
6. 해낸 일 하나씩 세어보기
7. 나에게 다정한 말 건네기
8. 감정 숨기지 말고 들여다보기
9. 괜찮은 척 말고 솔직해지기
10. 좋은 사람 곁에 두기
11. 힘든 날엔 그냥 쉬어주기
12. 자꾸 나를 미뤄두지 않기

12. 이름의 힘

> 사람은 두 개의 이름을 갖는다.
> 하나는 태어나면서 얻는 것이고,
> 다른 하나는 살아가며 만들어내는 것이다.
> _작자미상

우리는 태어나면서 누군가에게 불리는 이름을 갖는다.

부모가 지어준, 가족이 불러주는, 사회가 부여한 이름. 그 이름은 나를 세상에 소개하고, 어딘가에 소속되게 한다. 그러나 그 이름만으로 나는 완성되지 않는다. 진짜 내 이름은 내가 살아가며 만들어가는 또 하나의 이름 속에 있다.

'나는 누구인가?'

'나는 무엇으로 나를 드러내고 있는가?' 이 질문 앞에서 우리는 비로소 두 번째 이름과 마주하게 된다. 그 이름은 직업일 수도 있고, 태도일 수도 있다. '선생님', '엄마', '작가', '사업하는 사람', '말하는 사람' 누군가는 나를 그렇게 부르고, 나는 그 부름에 닿기 위해 노력한다. 이름은 단지 호칭이 아니다. 그건 어떤 약속이다. 너와 나 사이의 약속이고, 세상과 내가 맺은 다짐이며, 나 스스로와 매일 나누는 내면의 언어다.

어떤 이름으로 불리고 싶은가. 어떤 이름으로 살고 싶은가. 어떤 이름으로 기억되고 싶은가. 그 질문을 정직하게 품고 살아간 사람은 결국 자신만의 이름을 만들어낸다. 그 이름에는 방향이 있고, 결이 있고, 힘이 있다. 흔들릴 때마다 다시 붙잡을 수 있는 기준이 되기도 한다.

나는 오늘도 내 이름을 만들어가는 중이다. 아직 모두 완성되지 않았지만, 조금씩 또렷해지고 있다. 내가 살아가는 방식이 켜켜이 쌓여 하나의 이름이 되고, 그 이름이 언젠가 또다시 나를 증명해 줄 거라 믿는다. 그러니 지금 나의 삶에서 아무것도 눈에 띄게 보이지 않는다고 해도 괜찮다. 겉으로 보이는 것만으로 이름이 만들어지는 것은 아니니까. 고요히 쌓이는 말과 행동, 내가 선택하는 방향, 다시 일어나는 방식, 타인을 대하는 태도, 이 모든 것이 결국 이름이 된다.

아무도 몰라도 괜찮다. 누가 불러주는 이름이기 전에, 내가 먼저 나에게 지어준 이름이어야 하니까. 그 이름을 살아내기 위해 오늘도 하루를 조용히 채워가는 中.

13. 끝까지 가면 그게 성공이야

> 뒤처지는 건 없어.
> 끝까지 가면, 그게 성공이지.

SNS를 보다 보면 문득 그런 생각이 듭니다.

'나만 뒤처지고 있는 건 아닐까?' 누군가는 이미 책을 냈고, 또 누군가는 강연을 시작했으며, 어딘가는 벌써 성과를 자랑하고 있지요. 그 장면들을 보다 보면 내 자리만 너무 더디게 느껴집니다. 사실 우리는 속도에 너무 예민한 시대에 살고 있어요.

얼마나 빨리 도착했는지, 얼마나 먼저 해냈는지에 따라 사람의 가치를 판단하기도 하니까요. 저 역시 한때 속도감에 매료됐습니다. 7일 만에 원고 쓰기, 3일 만에 초고 쓰기. 후킹을 위한 제목을 만들면서도, 사실은 그 안에 '내가 신기록을 세웠다.'

라는 뿌듯함이 있었던 것도 사실이었거든요. 그런데 문득 이런 생각이 들었습니다.

'빨리 간다고 해서 꼭 멀리 갈 수 있는 건 아니지?' 어떤 사람은 일찍 피고 빨리 지고, 어떤 사람은 늦게 피지만 오래 가기도 하잖아요. 결국 중요한 건 누가 먼저 도착했느냐가 아니라, 얼마나 자신에게 충실한 걸음으로 걸어가고 있느냐는 거죠.

우리가 보는 건 언제나 현재의 위치일 뿐이에요. 그 사람의 시간 전체, 그가 넘어온 길과 품은 사연을 모두 아는 건 아니잖아요. 그래서 비교는 언제나 불완전하고 불필요해요. 나는 나의 시간에 맞춰 피어나는 중입니다. 느린 것도, 뒤처진 것도 아니에요. 나만의 리듬으로 살아가는 삶, 그것만큼 귀한 게 있을까요. 지금 이 순간에도 자신만의 속도와 방식으로 걷고 있는

당신에게 말해주고 싶어요.

"뒤처지는 건 없어. 그냥 조금 다른 길을, 다른 시간에 걷고 있는 것뿐이야. 그러니 자신만의 길을 끝까지 가면 그게 성공이야."라고 말이에요.

14. 나를 부끄러워 하지 않는다

> 그렇게 살아낸 너를
> 이젠 부끄러워하지 않겠다.

내 얼굴이 부끄러웠던 적이 있다. 거울 속의 내가 싫어서 외면해 버리곤 했다. 아이 넷이 부끄러웠던 적이 있다. 올망졸망한 아이 넷을 데리고 다닐 때 사람들의 시선이 부끄러웠다. 그때마다 왠지 작아졌다. 많이 낳았다는 시선, 아이들을 모두 잘 관리할 수 있을까? 그같은 시선이 날 움츠러들게 했다.

사는 형편이 부끄러웠고 부모의 배경이 부끄러웠다. 남들보다 조금 덜 가진 것, 조금 못 배운 것들이 마치 내 잘못인 양 느껴지던 시간. 그리고, 심지어 '나'라는 존재 자체가 부끄러웠던 순간도 있었다. 나는 왜 이렇게 태어났을까. 왜 이렇게밖에 살지 못할까. 아무 일도 하지 않았는데도 나는 내가 그냥 싫었다. 시절을 지나며 어느 날 알게 됐다. 부끄러움은 스스로 만들어낸 감정이기도 하지만, 타인과 사회의 시선이 자라게 만든 감정이기도 하다는걸. 비교와 기대, 평가와 단정. 그 속에서 어쩌면 나는 나를 미워하는 법부터 배운 것이다.

이제는 나를 부끄러워하지 않는다. 그때의 나조차도 사랑한다. 어려운 시간을 지나온 지금의 나를 존중한다. 누구에게도 떳떳하지 않았던 날들, 그저 버티는 데 급급했던 날들도 현재의 나를 이루는 중요한 조각이다. 남들은 기억하지 못하지만 내가 잊을 수 없는 시간. 그 시간 위에 내가 서있다.

스스로를 사랑하는 일은 결코 거창하지 않다. 그래서 참으로 다행이고 감사하다. 단지 나를 더 이상 감춰야 할 존재로 여기지 않는 것. 그렇게 살기로, 나는 마음을 정했다.

15. 속도를 줄이고

> 당신은 지금 어디로 가고 있나요?

속도는 인간이 만든 가장 교묘한 환상이다. 빠름을 진보라 부르고, 도착을 성공이라 말한다. 하지만 묻는다. 우리는 지금 어디로 가고 있는가. 더 빠르게 가는 것이 더 잘 사는 것일까? 속도는 방향을 묻지를 않는다. 속도는 깊이를 잃게 만든다. 빠르게 움직이는 일상은 생각할 틈을 지우고 느낄 시간을 소비하며 자기 자신으로부터 멀어지게 만든다.

인간만이 시간을 서두른다. 나무는 자신을 재촉하지 않으며, 별은 제때 사라지고, 물은 흐르다가 그칠 뿐이다. 그래서 철학자들은 '멈춤'에서 삶을 바라보려 했는지 모른다. 삶을 이해하려면 속도를 줄여야 한다고 말이다. 존재의 본질을 회복하려는 시도. 덜 하는 것이 아니라 더 깊이 존재하려는 것.

시간이 없다고 말할수록 삶은 더 많은 것을 요구하지만 실은 가장 중요한 것들은 늘 천천히 오는 것들이다. 생각, 관계, 의미, 사랑, 이해. 그 어떤 것도 서둘러 도착하지 않는다. 삶은 언제나 거기에 있었다. 다만 우리가 너무 빨랐던 것뿐이다.

속도를 늦춰도...

불안하지 않을 수 있다면.

16. 시간의 기록

> 크로노스는 나를 스쳐 지나가고,
> 카이로스는 내 안에 깊이 흔적을 남긴다.

우리는 대부분의 시간을 크로노스 속에서 살아간다. 시간표를 따라 움직이고, 알람에 맞춰 하루를 시작하며, 카운트다운처럼 시간을 소비한다. 하지만 진짜 기억에 남는 순간은 흘러가는 시간 바깥에 있다. 누군가와 나눴던 이야기와 웃음, 하루 끝에 문득 찾아온 침묵과 사유, 불쑥 떠오른 한 문장과 아이디어. 그건 모두 카이로스다.

카이로스는 시간의 '양'이 아니라 시간의 '밀도'를 의미한다. 짧지만 진실한 순간, 덧없지만 강렬한 순간, 말로 다 설명할 수 없는 어떤 진심이 삶에 잔잔한 파동을 일으킨다. 우리는 크로노스를 따라 살지만 카이로스를 기억하며 산다. 그래서 시간의 기록이 필요하다.

　흘러가고 스며드는 크로노스와 카이로스의 시간 속에서, 그 둘을 함께 붙드는 방식이 바로 '기록'이 아닐까 싶다. 날짜를 적는 건 크로노스지만, 그날 마음이 흔들린 이유를 쓰는 건 카이로스일 테니까. 기록은 시간의 순서를 정리하려는 시도가 아니라 시간 속에서 나를 되찾는 방식이다.

　기억은 흐릿해지지만 기록은 의도를 남긴다. 단순히 어제 오늘, 있었던 일이 아니라, 그날 내가 어떤 사람이었는지를. 시간은 아무 말도 하지 않는다. 그래서 쓰지 않으면 진짜 중요한 것부터 먼저 사라지고야 만다. 시간을 기록한 사람만이 자신의 삶을 재해석할 기회 또한 가지게 되는 것이 아닐까. 결국 나를 다시 살아보는 권리를 스스로에게 허락하는 일이다.

17. 인생은 그렇게 길지 않다

> 나이가 들어갈수록, 시간이 빨리 간다고 느끼는 이유.
> 그 이유가 있었다고 한다.

나이가 들수록 시간이 더 빠르게 흐르는 것처럼 느껴진다. 이건 단순한 기분 탓이 아니다. 실제로 뇌의 인지 구조와 관련된 현상이다. 젊을 때는 모든 것이 새롭다. 처음 가보는 장소, 처음 듣는 이야기, 처음 겪는 감정들.

'처음'이 많을수록 뇌는 더 많은 정보를 받아들이고, 그만큼 시간을 길게 느낀다. 그러나 나이가 들수록 익숙한 일이 반복되고, 뇌는 익숙함 속에서 정보를 압축한다. 익숙한 하루는 빨리 지나가고, 새로움이 적은 시간은 체감상 짧아진다. 그래서 마흔이 지나고 쉰을 넘어가면, 한 해가 후딱 지나간 것처럼 느껴진다. 이 과학적 사실을 최근에 알았다.

이건 과학의 언어이지만, 어쩌면 삶이 우리에게 건네는 신호이기도 하다. 각자가 느끼는 시간의 체감도 다를 것이다. 만약 자신의 인생이 짧게만 느껴진다면 그건 진짜 시간이 부족해서가 아니라, 새로운 것을 받아들이지 않고 이미 알고 있는 방식으로만 삶을 반복하고 있다는 뜻일 테다. 새로운 배움과 도전을 멈췄기 때문에.

우리는 결국, 자신이 깨어 있는 만큼만 시간을 경험한다. 인생은 생각보다 길지 않다. 그러나 의식이 깨어 있고, 감각이 열려 있으며, 익숙한 날들 속에서도 새로운 의미를 길어 올릴 수 있다면, 짧은 인생 안에 무한히 많은 시간을 담아낼 수도 있다.

시간은 누구에게나 똑같이 흐르지만, 누구나 똑같이 살아지는 건 아니다. 삶은 분량이 아니라, 깨어 있는 순간의 '질'로 남는다는 것을 생각해 보자.

18. 숫자보다 더 중요한 것

> "숫자가 우리를 평가하게 두지 마."

1. 마음의 평안
2. 마음의 소리
3. 내가 좋아하는 일에 집중
4. 하는 일에 대한 재미

우리는 살아가면서 자꾸 숫자를 센다. 통장 잔고, 팔로워 수, 자식 성적, 나이, 체중. 숫자가 늘면 좋은 줄 알고, 줄면 불안한 줄 안다. 물론 숫자도 중요하다. 그런데 문제는 숫자가 우리의 기분을 다 정해버릴 때다.

잔고가 줄면 나는 작아지고, 몸무게가 늘면 자존감이 줄고, 팔로워가 적으면 덜 괜찮은 사람처럼 느껴진다. 근데 진짜 그런가? 한 번은 이런 생각이 들었다. 밥을 맛있게 먹고, 좋아하는 사람과 대화하고, 잠들기 전에 오늘 잘 살았다고 느끼는 하루. 이런 날은 통장에 얼마가 있는지가 진심으로 궁금하지 않았다.

숫자보다 더 중요한 게 있다.
마음의 평안이다.
사람과의 관계다.
내가 하는 일에 빠져드는 집중력.
거기서 오는 작은 재미.

그게 진짜 '사는 느낌'이다. 숫자는 편하다. 셀 수 있고, 비교할 수 있고, 그래서 설명도 쉽다. 하지만 사람 마음은 숫자랑 안 친하다. 관계, 감정, 온기, 의미… 이건 셀 수 없어서 더 중요한 거다. 숫자에 눌려 살지 말자. 우리를 살게 하는 건 언제나 숫자 뒤에 숨은 어떤 감정이고, 사람이고, 경험이다.

# 19. 타이밍

> '와, 항아리의 물이 가득 찼네?!'

살다 보면 '무엇'보다 '언제'가 더 중요하다는 걸 알게 된다. 똑같은 말도 때가 맞아야 위로가 되고, 아무리 좋은 일도 마음이 준비되지 않으면 부담이 된다. 타이밍이라는 건 결국 '조화'다. 나와 상대의 마음, 나와 삶의 흐름이 만나는 어떤 찰나. 그런데 우리는 자꾸 조급해진다. 지금이 아니면 안 될 것 같고, 빨리 하지 않으면 뒤처질 것 같고, 기회를 놓치면 끝인 것 같고.

가만히 보면, 좋은 타이밍은 애써 붙잡는 게 아니라 자연스럽게 흘러오는 경우가 많다. 타이밍은 성실한 준비를 한 사람에게 조용히 도착한다. 억지로 끌어오는 것이 아니라, 머무는 힘에서 생긴다. 어떤 일은 지금이 아닐 수도 있다. 기다린다고 다 늦는 게 아니다. 때가 되면 기회는 다시 온다. 중요한 건 타이밍이 아니라, 그때의 '내 마음의 자세'다. 기회는 순간이고, 태도는 평생이다. 그 기회와 태도가 만났을 때, 우리는 그걸 '타이밍'이라고 부른다.

20. 우리가 지켜낼 것들

> "끝까지 가면 돼. 그것이 성공이야."

　가끔은 지치고, 때로는 멈추고도 싶겠지. 그러나 다시 숨을 고르고 나아갈 수 있다면 그걸로 충분해. "끝까지 가면 돼. 그것이 성공이야." 네가 포기하지 않고 걸어온 길, 그 자체로 이미 충분히 아름답고 가치가 있어. 응원할게. 끝까지 함께 가자.
　살아가면서 많은 걸 내려놓고, 포기하고, 흘려보낸다. 다 붙들고 살 수 없다는 걸 알기 때문이다. 그래서 어떤 건 미뤄두고, 어떤 건 더는 바라보지 않으며, 어떤 건 흘려보낸다. 그렇다고 해서 모든 걸 놓아도 되는 건 아니다. 삶이 무너지는 순간은, 가장 중요한 것을 놓쳤을 때 찾아오기 때문이다.

그러니 우리가 어떤 순간에도 놓지 말아야 할 몇 가지를 꼭 정해보자. 내가 하는 일과 사람을 대할 때의 진심, 사람과 사람 사이의 마땅한 거리와 신뢰, 내가 나를 존중하는 태도, 아무도 보지 않아도 끝까지 해내는 성실함, 내가 진짜 좋아했던 일에 대한 열정, 무너지지 않게 나를 붙잡아준 아주 작은 믿음.

이건 숫자가 아니고, 결과도 아니고, 남들이 알아주지 않아도 되는 것들이다. 하지만 이것들이 무너지는 순간, 삶의 방향도 흔들린다는 것을 기억하자. 세상이 흔들려도, 내가 나를 붙드는 몇 가지. 그게 우리 인생의 중심이니 그 중심을 깊게 뿌리내려보자. 버티는 힘도, 살아내는 의미도 거기서 시작된다. 끝까지 지켜야 하는 것은 대단한 무언가가 아니라, 결국 나라는 사람을 '나답게' 만들어주는 작은 것들이다. 그걸 끝까지 붙들 수 있다면, 삶이 얼마나 복잡해지든, 우리는 길을 잃지 않을 것이다.

나는 그것을 끝까지 믿는다.

21. 인생속도 인생방식

> 누구보다 빠르게 간다고 해서,
> 삶의 밀도가 깊어지는 건 아니다.

    속도란, 타인이 만들어낸 시간 단위다. 시계가 없던 시절, 인간은 계절과 해를 기준으로 살았다. 해가 뜨고 지는 리듬, 나무가 피고 지는 순환, 그 흐름 속에서 인간은 자신만의 속도를 부여받았다. 그런데 언제부턴가 우리는 시간을 쪼개기 시작했다. 분, 초, 데드라인. 삶은 더 이상 흐르는 것이 아니라 따라잡아야 하는 것이 되었고, 속도는 존재의 조건처럼 돼버렸다. 느리면 안 된다고 생각하고, 먼저 도착해야 의미 있다고 믿는다. 하지만 묻고 싶다. 누구를 따라가고 있는 걸까? 왜 그 방향이어야 하지? 왜 그 속도여야 해?

삶이란 무엇인가. 철학자들은 오래도록 이 질문을 놓지 않았다. 그들에겐 목적지보다 과정이 중요했고, 결과보다 존재 이유가 더 중요했다. 그래서 다시 묻는다. 나는 왜 이 방식으로 살고 있는가. 이 방식은 정말 내가 택한 것일까. 아니면 나도 모르게 받아들인 정답의 궤도인가. 우리가 사는 이 시대는 속도를 요구한다. 빨리 결정하고, 빨리 도착하고, 빨리 성장하라고 말한다. 하지만 철학은 말한다.

진짜 나를 알고 있는가. 현재 내가 가는 속도가 내 리듬과 맞는가. 세상이 정해놓은 방식에 나를 억지로 끼워 넣고 있는 건 아닌가. 삶은 정해진 레일이 아니라, 매일 새롭게 깔아가는 고유한 선로에 가깝다. 그래서 누구와도 같을 수 없다. 누구보다 빠르게 간다고 해서, 삶의 밀도가 깊어지는 건 아니다. 방식을 따라 하는 삶은 쉽지만 공허하다. 나만의 감도, 나만의 리듬, 나만의 방식으로 살아내는 하루는 느려 보여도 단단하지 않을까?

세상이 묻는다. "당신은 왜 그렇게 사나요?" 철학자는 묻는다. "당신은 지금 제대로 존재하고 있나요?" 인생의 속도는 정답이 아니다. 인생의 방식은 완성형이 아니다. 지금 내가 느끼고, 선택하고, 움직이고 있다면, 그 자체로 충분하다. 아무리 느려도, 한 걸음이 분명한 의식으로부터 비롯되었다면, 그것은 가장 온전한 속도이고 가장 진실한 방식이다. 그 믿음을 가지고 있는가.

22. 일하는 것도 쉼이 될 수 있다는 것

> 몸은 바쁜데 마음이 고요한 날이 있다.
> 그럴 땐, 일하는 중에도 쉼이 찾아온다.

일은 언제부터 쉼의 반대말이 되었을까.

사람들은 종종 쉼을 위해 일하고, 일에서 벗어나야 쉰다고 믿는다. 그러나 가만히 들여다보면 꼭 그렇지만도 않다. 어떤 날은 쉬는 중에도 더 피곤하고, 어떤 날은 바쁘게 일했는데도 오히려 마음이 개운할 때가 있다. 그 차이는 무엇일까. 중요한 건 '무엇을 했는가?'보다 '어떤 감각으로 그것을 했는가?'이다.

일이라고 해서 모두 힘든 것도 아니고, 쉼이라고 해서 모두 편안한 것도 아니다. 일상에서 내가 살아 있음을 느끼게 해주는 일이 있다. 그것은 성과 때문이 아니라 몰입의 깊이에서 온다.

누군가는 뜨개질 하며 마음을 내려놓고, 누군가는 고요히 글을 쓰며 자신과 연결된다. 누군가는 하루 종일 청소하며 내면의 소음을 정리하고, 누군가는 요리하며 나를 돌본다.

일이라는 말에 갇히지 않고 삶의 감각을 다시 회복하는 시간, 그것이 바로 쉼의 본질이 아닐까. 쉼은 무위가 아니라 회복이다. 가만히 있는 것이 아니라, 다시 나를 중심에 놓는 연습이다. 그러니 어떤 일은 쉼이 될 수 있다. 나를 소모하지 않고 나를 발견하게 하는 일이라면, 그것은 더 이상 노동이 아니라 존재의 확인이다.

우리는 살아 있는 것을 느끼고 싶어 한다. 그래서 쉴 때도 텅 비어 있는 것보다, 내 안에 무엇이 흘러가고 있다는 느낌을 원한다. 그러니 쉼은 무엇이 나를 더 생기 있게 하는가, 무엇이 나를 더 나답게 만드는가. 그걸 아는 사람이야말로, 일도 쉼도 모두 삶의 일부로 품어낼 수 있다.

지금 내가 하고 있는 일이 나를 지치게 하는가, 나를 살게 하는가. 그 질문 앞에서 나는 잠시 멈춰 본다. 일이라는 말에 붙은 피로의 프레임을 걷어내고 나니, 내 하루는 조금 다르게 보인다. 이 일은 나를 닳게 하지 않고, 나를 있게 하는구나. 내가 지금 살아 있음으로 이 일을 해내는구나. 그렇게 오늘도 나는 일하며 쉰다.

걱정으로부터, 과거로부터, 불안으로부터, 그리고 나 아닌 것으로부터. 일하는 것도 쉼이 될 수 있다는 것, 그건 삶을 바라보는 태도의 문제일지도 모른다.

마치며

언제부턴가 속사정을 속마음을 꺼내지 않고 엷은 미소로 답할 때가 많아졌다. 그것은 애써 괜찮은 척하려는 것이 아니라 차마 꺼내 놓기에는 무겁고 시간이 걸리는 일이기 때문이다. 어느 누가 자신의 이야기가 아닌 남의 이야기를 그토록 많은 정성을 들여 들어줄 수 있을까 싶어서.

속으로 묵혀두었던 이야기들이 이제는 이렇게 글로 흘러나온다. '말보다 글이 더 편하다.' 느껴지는 건 쉽다는 것보다 '맘에 든다'라는 표현이 더 정확할지 모르겠다. 밖으로 나오기 전 한 번 더 생각 속에서 정제되기 때문에 더 또렷하고, 더 솔직하다.

불완전한 글일지라도, 나는 지금껏 써온 어떤 책보다도 이 책이 더 마음에 든다. 이유는 오롯이 내 생각과 철학이 담긴 글이라는 확신이 있기 때문이다. 오래 걸렸다. 내 안의 또렷한 생각이 이렇게 차곡차곡 채워지고, 비로소 하나씩 꺼내 보일 수 있게 되기까지.

완벽한 글이란, 이제 내겐 아무런 의미가 없다. 이 순간,

이 생각들을 쌓아가는 과정이 내게 진짜 의미이다. 이런 내 글이 독자들에게 잘 전달되어서 또 다른 의미와 가치를 가진다면 그보다 더 좋을 순 없으니.

완벽한 글이란
이제 나에게 아무런 의미가 없다.

,
,
,

완벽함보다
살아 있는 어제와 오늘 그리고
내일의 기록을 남기고 싶다.

나를 남기기 위해

쓰는 글....

그것이 나의 글이다.